O NEGÓCIO

Coordenação Editorial: Tatiana Iaconelli
Revisão Técnica: May Parreira
Capa e Diagramação: Mariana Fazzeri

Dados Internacionais de Catalogação na Publicação (CIP)
(eDOC BRASIL, Belo Horizonte / MG)

Sundfeld, Frederico.
S958n
O negócio: construção e venda de imóveis: o jeito certo de empreender
Frederico Sundfeld. - São José dos Campos, SP: Ofício das Palavras, 2021.
116 p.: 14 x 21 cm
ISBN 978-65-86892-12-3
1. Construção Civil. 2. Empreendedorismo. 3. Mercado Imobiliário. I. Título.

CDD 658.4

Ofício das Palavras
literatura a quatro mãos

Ofício das Palavras - editora e estúdio literário

55 11 99976 2692 / 12 99715 1888
contato@oficiodaspalavras.com.br

@oficio_das_palavras
@oficiodaspalavras

www.oficiodaspalavras.com.br

FREDERICO SUNDFELD

CONSTRUÇÃO E VENDA DE IMÓVEIS
O JEITO CERTO DE EMPREENDER

2021

PREFÁCIO

Neste livro, o voo é alto! Frederico, hoje, um amadurecido e talentoso engenheiro de avaliações, descreve uma sistemática para quem deseja empreender construindo casas para vender.

A metodologia foi desenvolvida com base nas experiências como construtor e engenheiro, com as quais conheceu as oportunidades e dificuldades do negócio e observou os erros e acertos mais comuns de quem constrói casas para vender.

O resultado da experiência é a formatação de um método para empreender, seja na tratativa com os clientes, fornecedores, com a equipe de obras, e outras partes interessadas.

A essência do empreendedorismo na construção civil consiste na utilização sistemática de aplicação de conteúdos múltiplos, que transitam pelas seguintes áreas do conhecimento: técnicas de gestão, matemática financeira, legislação, direito, fiscal e tributário; regras que estabelecem a aprovação do seu imóvel pelo banco, engenharia de avaliações e aplicação da construção civil, propriamente dita.

Este livro foi projetado para ajudar empreendedores na construção civil com a observação dos elementos que dão relevância aos resultados buscados no planejamento dos seus próximos negócios e proporcionará ao leitor conhecer as melhores decisões a serem tomadas baseadas em estudos de viabilidade econômico-financeira, diminuir o risco do capital aportado e potencializar o lucro do empreendimento.

As regras básicas, expostas, buscam o êxito de cada um dos leitores em seus empreendimentos, ajudarão a analisar as possíveis dificuldades e darão ferramentas para que possam tomar a decisão assertiva entre as diversas alternativas de empreender.

A leitura consiste em uma sequência de quatro módulos desenvolvidos para darem relevância aos resultados buscados pelo empreendedor, no planejamento de seus próximos negócios imobiliários. Os três primeiros trabalham o desenvolvimento da metodologia, já o quarto é mais objetivo e apresenta as regras para aceitação do imóvel como garantia.

A importância do livro deriva da escolha da ocasião, ou seja, um Brasil que se tornou cada vez mais vulnerável, incerto, ambíguo e complexo. A crise sanitária, pela qual o mundo passou, nos anos de 2020 e 2021, trouxe à luz a existência de mais de 40 milhões de brasileiros vivendo na informalidade e a taxa de desemprego deve se manter em níveis elevados, as empresas investiram alto em tecnologia, com novos padrões de produtividade e consequentemente, menos pessoas nas organizações.

As taxas de juros relativamente baixas favorecem a oportunidade para os investimentos. Empreender passou a ser uma alternativa interessante!

Francisco de Souza Alves

Consultor em planejamento estratégico
Professor Associado da Fundação Dom Cabral

INTRODUÇÃO

O interesse em empreender na construção civil, construindo casas para vender, é algo que me acompanha há muito tempo. Foi aos 17 anos, no intervalo da aula, quando, conversando com um colega, ouvi dele que o pai do seu amigo construía casas para vender. Segundo ele, essa pessoa tinha lucro médio de 150% em cada um dos seus empreendimentos.

Como não se interessar por um negócio desses, não é mesmo?!

Essa conversa foi um marco na minha vida. Desde então, concentrei todas as energias em me organizar financeiramente para também ser um construtor. Sabia que o caminho seria longo, afinal, construção é algo que demanda elevados valores. Começava ali uma reunião brutal de esforços para atingir esse objetivo!

Tinha em mente que, aos 32 anos, estaria com os recursos necessários para iniciar meu primeiro empreendimento. Os anos foram passando, e aquele objetivo se manteve firme.

Foi durante este processo que entendi que quando temos foco bem definido, o tempo passa a ser nosso aliado no percurso que nos levará a atingir determinado objetivo.

E foi assim, mês a mês, ano a ano, com muita aplicação e dedicação, percebia que todos os esforços empenhados não estavam sendo em vão! Depois de alguns anos de trabalho e economias, tinha disponíveis os recursos necessários para a compra do terreno.

Havia na cidade um bairro novo, e percebi a boa velocidade na implantação de equipamentos e benfeitorias públicas: transporte coletivo, fornecimento de água, redes de esgoto, sistemas de drenagem de águas pluviais, iluminação pública, escola, unidade básica de saúde, creche etc.

Decidi que compraria o terreno ali, e que seria a partir daquele bairro que iniciaria minha vida de construtor. E assim foi feito, escolhi um terreno situado em local privilegiado, com vista para um grande lago, de tal forma que, quem morasse ali, teria vista permanente para uma bonita paisagem urbana.

Garanti, então, a compra do lote, até porque se mantivesse o valor, que havia guardado até aquele momento, investido em qualquer que fosse a aplicação financeira disponível, o rendimento que teria não seria maior que a valorização pela qual o mercado imobiliário passava naquele momento.

Decisão certa essa. Começava ali a concretização do objetivo, e a realização de um sonho!

Mais alguns anos se passaram até que reunisse o valor necessário para iniciar as obras, foram duas casas populares geminadas. Até então, imaginava que ter êxito no negócio se resumia a ter vontade de empreender e condições financeiras para tal. Grande engano!

Obra após obra, ia percebendo que o ***"negócio construção"*** demandava muito mais conhecimento do que podia imaginar. Escolha do terreno, determinação do preço de venda, estudo de viabilidade do empreendimento, alinhar o projeto de arquitetura ao público-alvo, ao qual o imóvel será destinado, saber contratar a equipe de obra são apenas alguns dos conhecimentos que qualquer empreendedor precisa ter, e que sequer imaginava que seriam necessários. E que falta esses conhecimentos fazem!

Foi só depois de mais de uma dezena de construções executadas que percebi que o conhecimento empírico, que vinha acumulando, era insuficiente.

Sentia que faltava conteúdo mais objetivo, que me permitisse ter condições de estudar adequadamente o mercado, para minimizar os riscos, potencializar a liquidez e lucro dos meus próximos empreendimentos.

A Engenharia de Avaliações me auxiliou muito em um dos aspectos mais básicos que todo empreendedor se depara quando está planejando sua próxima obra, conhecer previamente o valor de venda do imóvel que se planeja construir.

Deste conhecimento, deriva o estudo de viabilidade econômico-financeira, que, por sua vez, permite que as melhores decisões possam ser tomadas, quanto ao "o que" construir e "onde" construir.

Especializado em Engenharia de Avaliações, comecei, então, a atuar profissionalmente no mercado imobiliário. Vivendo-o intensamente, encontrei as respostas para uma série de dúvidas sobre o jeito certo de empreender na construção civil.

Cada etapa de um empreendimento traz consigo várias decisões que precisam ser tomadas. O êxito em determinado negócio se dará pela sucessão de decisões acertadas. Mas não basta acertar mais do que errar, é preciso acertar as decisões capitais com as quais você se deparará.

Vejo, vez ou outra, alguns empreendedores, que cometerem sérios enganos nas definições estruturais do seu empreendimento, sofrerem revezes significativos.

Motivado pela lembrança das angústias que vivi, das decisões, nem sempre acertadas que tomei, da busca nunca alcançada, por alguém que pudesse responder de forma honesta, sincera e isenta de qualquer interesse, à série de dúvidas que tinha à época, foi que decidi desenvolver uma metodologia que pudesse orientar, objetivamente, quem quer entrar nesse mercado, ou já atua nele, construindo casas para vender.

Afinal, a união das experiências como construtor e engenheiro de avaliações me colocavam diante da condição ideal para que isso pudesse ser feito. Metodologia desenvolvida, coloquei-a em prática nos meus empreendimentos.

E os resultados obtidos, a partir de então, foram sempre muito bons, superando, em velocidade de vendas, os imóveis concorrentes e lucratividade bem encaixada para a realidade de cada uma das casas que construí.

Importante ressaltar que não se trata de metodologia científica, desenvolvida e testada sob os rigores da ciência, mas, sim, uma metodologia desenvolvida pela observação dos elementos que dão relevância aos resultados buscados pelos empreendedores do planejamento dos seus próximos negócios.

Trataremos, nos próximos capítulos, do passo a passo deste negócio, começando pelo momento da sua gênese, materializada pelo nascimento do interesse do empreendedor, em participar deste ramo da atividade econômica.

Trataremos, então, do que chamamos de Período Embrionário, nele, você será convidado a refletir sobre suas possibilidades de empreender.

Depois dele, e de posse da confirmação do seu interesse no negócio, trataremos do Período Analítico, em que elementos fundamentais para o êxito do seu empreendimento lhe serão apresentados. Neste capítulo, você saberá se já possui condições de empreender e se tem interesse pela lucratividade possível, a ser verificada no Estudo de Viabilidade Econômico-Financeira, que será visto aqui.

Em se confirmando o interesse, partiremos, então, para o Período Operacional, com aspectos concretos do negócio abordados: escolha do terreno, contratação de mão de obra, comercialização, aferição do lucro, dentre outros.

E, por fim, você chegará aos Fatores Limitantes à Concessão do Crédito Imobiliário. Questões relacionadas à legislação e aspectos construtivos, fundamentais para a segurança do capital investido e potencialização do lucro serão tratados neste capítulo. Você saberá o que deve ser feito para que seu imóvel seja aceito pelo banco já na primeira vistoria, melhorando dessa forma sua liquidez e lucratividade.

Convido você, agora, a pegar um cafezinho e aproveitar tudo o que verá daqui para frente!

Boa leitura.

DECISÃO POR CONSTRUIR

Para chegar a se interessar pelo conteúdo deste livro, você, certamente, em algum momento, pensou na possibilidade de iniciar uma nova atividade profissional, em ser um construtor.

Antes de seguir com as abordagens que serão feitas a respeito do "negócio construção", precisamos analisar o porquê do interesse pela construção habitacional.

Precisaremos nos fazer algumas perguntas para encontrar respostas, que serão determinantes para a boa evolução da nossa participação nesta nova atividade, e, principalmente, nos ajudarão formatar uma maneira mais adequada aos nossos anseios relativos à inserção neste (novo) mercado.

Questões básicas, cujas respostas determinarão se, efetivamente, deveremos ingressar neste segmento e de que forma isso se dará.

Por quê?

1 - Para ter uma renda complementar;
2 - Para diversificar minha carteira de investimentos;
3 - Para iniciar uma nova atividade profissional.

A resposta à primeira pergunta indicará quais as ações deveremos tomar e quais as possibilidades teremos à nossa disposição.

1. Renda Complementar

A busca por uma renda complementar poderá se dar de diversas formas:

1.1 - execução da obra por administração própria;
1.2 - execução da obra por administração própria em parceria com uma ou mais pessoas;
1.3 - participar de uma construção por meio do sistema de cotas;
1.4 - aquisição de imóvel na planta.

1.1. Por administração própria

A execução por administração própria é aquela em que há o envolvimento total do construtor, em todas as etapas da obra, desde a escolha do terreno até a regularização de toda a documentação, que se dará após o término da construção.

Para este caso, o construtor deverá dispor de tempo, ou de pessoas, para auxiliá-lo nas atividades diárias, não sendo indicado, portanto, para aqueles que têm limitações para se dedicar a administração e execução da obra.

1.2. Por administração própria com parceria

A execução por administração própria em parceria com outros empreendedores o colocará na condição de dedicação parcial ao negócio, com aporte de capital e disponibilização de tempo, reduzidos se comparados à primeira possibilidade, citada anteriormente. É claro que, havendo o envolvimento de duas ou mais pessoas no negócio, é preciso mais atenção nas questões legais, documentais e administrativas.

1.3. Sistema de cotas

Participar de uma construção por meio do sistema de cotas é uma maneira possível de se inserir neste mercado, especialmente indicado para aqueles que não têm tempo para dedicar ao negócio, que não tem conhecimento técnico suficiente, ou que não se interessa pela rotina operacional de uma obra.

Este sistema é aquele em que um grupo de pessoas se reúne para sustentar financeiramente a construção, habitualmente, de edifícios, onde cada participante aporta recursos mensalmente, conforme cronograma físico-financeiro da obra, com valores proporcionais ao número de unidades que foram adquiridas.

A peculiaridade deste sistema é o fato de se montar um grupo seguro, em que todos os participantes tenham condições efetivas de honrar os compromissos decorrentes da execução da obra, além de se ter um administrador (habitualmente construtora, engenheiro ou arquiteto com larga experiência em construções de empreendimentos habitacionais) competente, que conduza a obra com capacidade técnica, administrativa e lisura, até sua conclusão.

Neste caso, se um ou mais participantes não conseguem acompanhar os desembolsos demandados e acordados previamente entre o grupo, o bom andamento da obra é afetado, podendo colocar em risco a conclusão do empreendimento.

A vantagem observada neste caso é ter, ao final da obra, sua(s) unidade(s) pelo preço de custo do empreendimento.

1.4. Imóvel na planta

A aquisição do imóvel na planta é, talvez, a forma mais difundida, que vem sendo aderida por grande parcela da população que está em busca do seu imóvel próprio, ou deseja participar deste mercado na condição de investidor. Neste modelo, a gestora é a construtora e você participará do negócio na condição de cliente, independente do seu objetivo, seja ele para aquisição daquela que será sua moradia ou investimento.

O envolvimento do cliente, neste caso, é tão somente quanto ao cumprimento das suas obrigações contratuais junto à construtora.

A atratividade deste sistema está na valorização esperada do imóvel ao longo do período da obra até sua conclusão. E o maior risco está na possibilidade de o empreendimento não ser entregue, cujo exemplo clássico é o caso da Construtora Encol, cuja falência foi decretada no ano de 1999.

Conclusão

No primeiro caso, da administração própria, temos a dedicação total ao negócio, o construtor necessitará ter bom comprometimento do seu tempo, será afetado integralmente por eventuais ônus, mas também se beneficiará integralmente dos possíveis bônus. Para o segundo caso, há a presença de parceiros no negócio, haverá um compartilhamento do tempo, de eventuais ônus e dos bônus. Para o terceiro caso, o sistema de cotas, a dedicação de tempo será bem reduzida, limitando-se à participação em reuniões, mensais ou quinzenais, para prestação de contas, e as responsabilidades também serão reduzidas uma vez que será compartilhada por um grupo maior de pessoas, inserido neste sistema a figura do responsável técnico pela obra, além, é claro, dos riscos citados anteriormente.

Os benefícios possíveis são uma lucratividade maior para a unidade adquirida se comparada a aquisição de um imóvel na planta, pelo sistema tradicional. E, finalmente, o quarto caso, aquele em que se adquire o imóvel na planta, não haverá envolvimento na execução do negócio, em nenhuma de suas etapas, sendo o participante beneficiado por uma valorização imobiliária padrão para o mercado onde o empreendimento estiver situado, estando sujeito aos riscos, relativamente menores, quando comparado ao sistema de cotas, mas não inexistentes, conforme tratado anteriormente.

Enfim, nesta primeira análise, especialmente quanto à dedicação de tempo, já podemos fazer um primeiro filtro, chegando a conclusões que serão importantes para a evolução das análises que se sucederão.

2. Participante na condição de investidor

No universo de pessoas interessadas no "negócio construção", há aqueles que se encaixam na condição de investidores; são aquelas pessoas que não estão interessadas no dia a dia da obra, mas, sim, em encontrar uma boa opção de investimento, que dê um retorno do capital investido superior às aplicações, que, eventualmente, já possua, ou que estejam disponíveis no mercado, tais como; ações, poupança, dólar, ouro, CDB, Tesouro Direto etc.

Diante do que já foi exposto aqui, poderemos observar que este público terá uma propensão maior pelas opções em que não haverá grande investimento do seu tempo no negócio. Invariavelmente, este investidor, que opta por investimento, estará diante de um administrador da obra da qual ele deseja participar.

E as opções que estarão disponíveis para ele são: aquisição de imóvel na planta, sistema de cotas, ou ainda, as construções individuais, empreendidas por microconstrutores atuantes no mercado.

Nessas modalidades, o investidor deverá reunir a maior gama de informações possível, que indique as boas opções disponíveis no mercado, de forma a permitir tomar a melhor decisão quanto à segurança e retorno do capital investido, não perdendo de vista que estará diante de uma opção de investimento de baixa liquidez, em virtude do longo ciclo dos empreendimentos.

O investidor poderá fazer boa utilização da ferramenta que será apresentada no capítulo Análise de Viabilidade, com a qual poderá traçar, previamente, uma expectativa de retorno do capital investido, especialmente se o investimento for direcionado a construções individuais, ou de pequenos empreendimentos.

3. Nova atividade profissional

É muito comum encontrarmos pessoas interessadas em deixar o emprego com a intenção de migrar para esta atividade.

É fundamental que a pessoa conheça bem suas expectativas a esse respeito, não perdendo de vista que é uma atividade cujos ciclos são de média duração, levando, muitas vezes, mais de 12 meses para serem concluídos e que sua manutenção financeira se dará com as retiradas mensais relativas à taxa de administração de cada obra, que está inserida na análise de viabilidade que veremos um pouco mais a frente.

Decidir o quanto a tal mudança de rumo profissional na sua vida exigirá algum conhecimento do "negócio construção", especialmente quanto à lucratividade que se pode obter, a velocidade de venda do imóvel que será construído, o ciclo de vida de cada empreendimento, associado ao capital inicial aportado ao negócio. Se a intenção é a mudança de rumo, é preciso começar o negócio com capital suficiente que permita, desde o início, proporcionar giro a esse capital de forma a ter obras sendo executadas de maneira ininterrupta, para que assim sua base financeira de sustentação não fique comprometida.

Seria arriscado pautarmo-nos apenas naquela história, que, certamente, você já ouviu, a respeito do cidadão que começou construindo casinhas populares e hoje, constrói prédios.

É claro que casos assim acontecem, contudo, se mergulharmos nos detalhes deste sucesso, saberemos que a evolução não se deu apenas pelo giro de cada uma das construções individuais. Ele foi influenciado pelo tempo que o empreendedor está no mercado, pelo volume financeiro inicial aportado ao negócio, por aportes complementares ao longo do tempo, pela inserção de novos participantes ou parceiros, pela adoção de parceria com instituição financeira, a existência de políticas públicas de estímulo ao setor etc. E essas são algumas das variáveis que você terá de colocar na sua base de análise.

Agora, se o capital que possui for suficiente para construir poucas unidades, de forma que o giro sofrerá interrupções afetado pela velocidade de venda desses imóveis, você estará diante de uma situação com risco maior, para a tomada de decisão que está em análise.

Não havendo segurança de que a migração de atividade profissional seja viável, a melhor opção é ter a construção como "plano B", até que a dinâmica do negócio se apresente viável para a efetivação desta mudança.

PERÍODO ANALÍTICO

O Período Analítico acontecerá para aqueles que, diante das respostas obtidas pelas questões primárias levantadas no Período Embrionário, seguem interessados em se inserir neste mercado. A partir daqui nos aproximaremos mais do assunto e começaremos o direcionamento para nossa atuação.

A **Determinação do Padrão Construtivo** é o primeiro aspecto que deveremos estudar. Tal determinação está relacionada diretamente com o caixa disponível para iniciar o negócio. Havendo grande disponibilidade de recursos, o leque de opções será maior, por consequência, de cenários a serem analisados também. Quanto maior o capital inicial a ser aportado no negócio, maiores serão as possibilidades de inserção no mercado, seja no segmento de alto padrão, optando por construir mais unidades de um padrão inferior, um pequeno *village*, ou até uma torre, cujo custo total caiba neste capital. Enfim, quanto maior a disponibilidade recursos maiores serão as opções a serem analisadas.

O mercado imobiliário é dinâmico (poderíamos até dizer que é vivo) e responde às influências do desenvolvimento da região que pertence. Quando a economia de dada região vai bem, o mercado responde positivamente, e, no sentido oposto, a recíproca também se aplica.

Sendo assim, percebermos como a dinâmica da economia local está afetando o mercado, seja numa situação de expansão ou de retração, e neste segundo caso, devemos ponderar se é o momento certo de construir.

Contudo, vamos imaginar um mercado bem sedimentado, onde a economia local se apresenta em expansão. Assim estaremos diante de um caso clássico e precisamos buscar saber, junto a profissionais do mercado, classificados, notícias veiculadas nas mídias existentes, políticas públicas de incentivo à produção e/ou financiamento de determinado tipo de imóvel etc., qual o padrão de imóvel é o mais bem aceito.

Se, por exemplo, soubermos antecipadamente que imóveis de padrão médio estão sendo vendidos com mais rapidez que imóveis de alto padrão, teremos aí uma possível direção a seguir.

É claro que os mercados consomem todos os padrões de imóveis, não sendo, portanto, fadado ao fracasso o construtor que optou por construir um imóvel de padrão diferente daquele, para o qual a demanda se observa mais intensa.

Outro aspecto importante, enquanto estiver definindo o padrão construtivo, é quanto à familiaridade que você tem com este padrão. Tal familiaridade o protegerá de eventuais equívocos de projeto, que poderão estar relacionados com o conceito e proposta do produto final. Imagine, por exemplo, se em uma casa de alto padrão não for previsto o fornecimento de água quente nas torneiras das pias e lavatórios. Um detalhe assim poderá comprometer a aceitação do seu imóvel pelo mercado ao qual se destina.

Uma vez definido o padrão construtivo do imóvel, iremos, então, para a **definição do anteprojeto.** Nesta etapa, enquadraremos a construção nas exigências da Lei de Zoneamento Municipal, no que tange aos recuos (frontal, lateral e fundos), taxa de ocupação da construção no terreno, coeficiente de aproveitamento (área construída/área do terreno), gabarito (altura da edificação), além de atribuir a este produto um conceito; sempre de olho no mercado em que o imóvel estará inserido e o público ao qual se destina.

À medida que tivermos o mercado como balizador da definição do conceito, perceberemos que quem definirá o anteprojeto não seremos nós, ou o arquiteto contratado, mas, sim, ele; o mercado.

Observaremos, então, o tipo de construção ali existente, quais suas características, aspectos construtivos e de acabamento, quais unidades foram vendidas com mais rapidez, e quais estão apresentando dificuldade em ser absorvidas. E, assim, entender o porquê do sucesso de uma e fracasso de outra. Tudo isso auxiliará na montagem do seu anteprojeto.

Uma vez que, o que estamos tratando aqui, é a busca pelo ganho de liquidez e diminuição dos riscos aos quais estaremos expostos, percebe-se que uma boa estratégia é surfar na onda do mercado, sem grandes ousadias em nosso projeto. A ousadia pode ser reservada para a construção da casa em que você irá morar.

Sendo assim, o mercado apontará os caminhos a seguir, de maneira que nosso produto esteja em consonância com o bairro/região onde estará inserido, não apresentando distorções com relação às características dos imóveis já existentes. Ou seja, seguir o padrão existente quanto ao tamanho médio dos imóveis, padrão construtivo, tipo de construção; se térrea ou assobradada, tipo de garagem, se coberta ou descoberta, além de outras características, tais como, a existência ou não de suíte, a existência de equipamentos de lazer (mais aplicável a imóveis de alto padrão), piscina, churrasqueira, forno de pizza, sauna etc.

A área construída do imóvel e respectivo padrão construtivo têm forte impacto na determinação do seu valor de mercado. Por esse motivo, é necessário a atenção para não incorrer num erro muito comum: o de construir em determinado bairro um tipo de imóvel mais adequado a outro local da cidade, em virtude do público a que se destina, dado o encaixe do preço de venda atribuído a ele.

Uma vez que as bases para montagem do anteprojeto estão definidas, poderemos dar andamento à **execução do projeto de arquitetura.**

Esta fase é uma das principais de todo o processo. Um bom projeto arquitetônico dará atratividade comercial ao imóvel, sendo que o oposto também se aplica; um projeto deficiente trará dificuldades no momento da venda, comprometendo fatalmente a liquidez do seu negócio.

E é por isso que devemos ser criteriosos na contratação do profissional, buscando no mercado aquele que tem boa familiaridade com o tipo de imóvel que será projetado, ou seja, se o projeto será de uma residência de alto padrão, procure aquele habituado a este tipo de projeto; se for de uma residência de padrão normal, aquele com boa vivência neste mercado, e assim sucessivamente.

Um aspecto importante de ser observado, especialmente para os marinheiros de primeira viagem, é que quanto mais elevado o padrão construtivo, maiores serão as complexidades no momento da execução da obra. Se você tem caixa para obras de alto padrão, mas não tem conhecimento técnico suficiente para tocar uma obra deste porte, pondere a possibilidade de contratar construtor com experiência, ou vá para obras de menor complexidade.

Os custos da obra também estão intimamente ligados ao projeto de arquitetura, aspecto importante a ser considerado, e que terá relação direta com a lucratividade do negócio. Harmonizar as relações que se estabelecem entre a estética, a funcionalidade, o padrão construtivo e o custo de execução é uma arte e o bom equilíbrio entre elas pode afetar positivamente seus resultados.

Na concepção do projeto arquitetônico, é importante estabelecermos características que agradarão o maior número possível de pessoas, assim, o público-alvo será ampliado significativamente. Este fato associado à correta determinação do preço de venda é uma potente combinação, que trará aumento na velocidade de venda do imóvel.

E, neste sentido, há que atentarmos à aplicação de tecnologias construtivas não consagradas e/ou aos equipamentos não utilizados maciçamente, tais como o reaproveitamento de águas pluviais, a utilização de tijolo de solo-cimento, telhado verde, dentre tantas outras. A implantação ou utilização dessas tecnologias, que são interessantes do ponto de vista do respeito ao meio ambiente e da melhor utilização dos recursos naturais disponíveis, podem gerar resistência quanto a sua aceitação pelo público-alvo que se deseja atingir. Portanto, é necessário estudar muito bem a viabilidade, econômica e comercial, quanto à utilização de determinados equipamentos ou tecnologia.

Uma vez definido o projeto de arquitetura, faremos a análise prévia dos **custos envolvidos** na obra.

Esta fase é importante à medida que é dela que faremos a **análise do valor total da obra,** gerando inclusive o cronograma financeiro, a partir do qual se conhecerá o fluxo de desembolsos necessários para a execução total do empreendimento.

Nesta etapa, eliminaremos um risco muito comum; o de começar a construção e ter de interrompê-la por falta de recursos. Com certeza, você conhece alguém que incorreu neste erro, ou já viu alguma obra que foi interrompida por falta de recursos.

Podemos, então, separar esses custos em dois grupos; um, que chamaremos de custos diretos; e o outro, de custos indiretos.

Os **custos diretos** são aqueles relacionados à construção propriamente dita; administração da obra, taxas diversas, compra do terreno, regularização topográfica e contenções (quando necessário), material de construção e contratação de mão de obra.

Os **custos indiretos** são aqueles que margeiam a construção, que incidem durante o decorrer da obra e também após sua conclusão, são despesas com comercialização, despesas financeiras e imposto de renda.

No "Período Operacional", trataremos de cada um desses custos citados acima.

O gráfico abaixo, montado com dados extraídos da construção de um imóvel de padrão popular, nos ajuda a ter uma percepção melhor sobre a representatividade de cada um desses itens. E aqui o conceito de Curva ABC se apresenta ao que concerne o custo global do empreendimento.

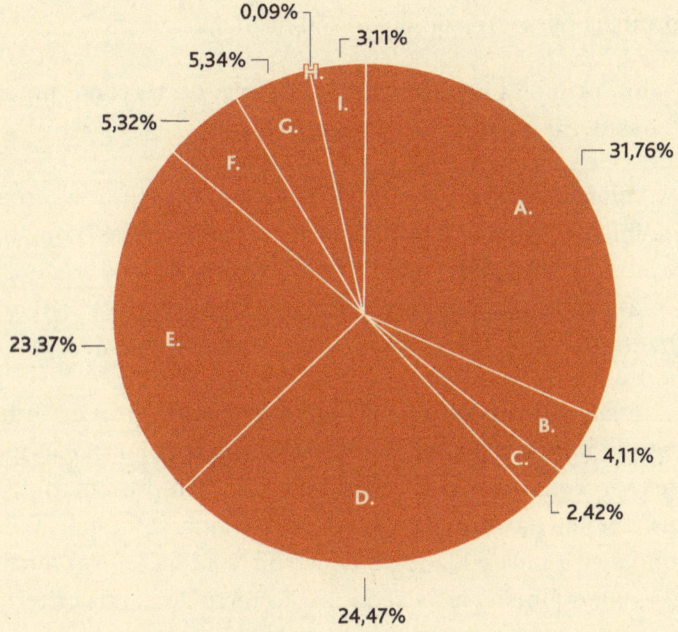

A. Terreno
B. Movimentação de terra e contenções
C. Taxas
D. Material
E. Mão de Obra
F. Administração
G. Financeiro
H. Vendas
I. Imposto de Renda

É claro que todos os custos que compõem seu empreendimento são importantes e devem ser acompanhados com atenção, contudo, o Terreno, Material de Construção e Mão de Obra têm forte representatividade, e sobre eles, todos os esforços que pudermos aplicar no sentido de minimizá-los são de fundamental importância para o resultado do seu negócio.

Em primeira análise, para a **compra do terreno**, precisamos considerar alguns aspectos importantes:

Valor: dada sua representatividade no custo total do empreendimento, uma compra bem-feita (entenda-se, com bom desconto, preferencialmente, a preço abaixo do que o mercado vem praticando naquela região/bairro) tem reflexo positivo no resultado final do negócio, melhorando a lucratividade.

Topografia: quanto menos intervenções (cortes e/ou aterros) forem necessárias, melhor. Gastos com **regularização topográfica** são comuns e, por vezes, tem grande representatividade no custo global da obra (vide gráfico na página 31), especialmente se houver a necessidade de construir contenções no terreno. Vale ressaltar ainda que a execução de aterro demanda criterioso acompanhamento técnico, sem o qual a construção pode ficar exposta a problemas construtivos futuros.

Entretanto, essas regularizações não agregam valor ao preço de mercado do imóvel. Por outro lado, ignorar a necessidade de executar terraplenagem no lote é um grande equívoco, visto que, aspectos relacionados à altimetria da construção no terreno ou à sua drenagem, podem comprometer a atratividade comercial do imóvel, com possível perda de valor de mercado, comprometimento da liquidez, e por consequência... a lucratividade do negócio.

Benfeitoria existente: as benfeitorias (terraplenagem, muro, drenagem) executadas no terreno promoverão melhor desempenho financeiro ao seu empreendimento, uma vez que, as despesas que você teria para executá-las, não precisarão mais incidir. Contudo, precisa certificar-se quanto à qualidade dessas benfeitorias, de nada adiantará, por exemplo, se o muro do terreno não for bem executado e seguro, impondo ao construtor a necessidade de eventual demolição.

Já a **compra de materiais de construção** traz consigo grande possibilidade de redução dos custos, sem que, para isso, a qualidade dos produtos aplicados seja comprometida.

> A boa e velha cotação de preços é sem dúvida a primeira atitude a ser tomada.

Para isso é necessário:

- Definir, tanto quanto possível, as especificações dos materiais a serem utilizados, tais como tipo e dimensões dos tijolos ou blocos de concreto, tipo e qualidade do piso e telhas, revestimento interno e externo, louças e metais, portas e ferragens, madeiramento etc.

- Definir, a partir do Projeto de Arquitetura, o quantitativo de material necessário para cada uma das etapas da obra, evitando assim comprar mais material do que o necessário, o que imporá desperdício e, consequente, prejuízo. Acertar nesta etapa do negócio melhorará seus resultados.

- Estabelecer o cronograma físico da obra, lançando mão da definição, prévia, do quantitativo dos materiais que serão necessários, permitirá fazer com antecedência e de maneira programada, o necessário desenvolvimento de fornecedores e respectivas cotações, fundamentais para fazer as compras de forma produtiva e com bons resultados financeiros, de forma a ser possível praticar a adequada e boa cotação para todos os insumos que serão necessários.

Com o Projeto de Arquitetura também podemos estabelecer o uso mais racional dos materiais, preservando os aspectos comerciais, tais como, qualidade, estética e funcionalidade, que o produto final precisará ter.

Outros projetos também podem prestar grande auxílio no momento da cotação de preços. É o caso, por exemplo, do Projeto Estrutural, que transfere relevante ganho de qualidade para o produto final, e do qual se pode definir a alternativa mais adequada para o tipo de construção que será executada, especificando a melhor solução construtiva para as lajes, vigamento, para o tipo de alvenaria, se estrutural ou de vedação, e o dimensionamento adequado das ferragens. Com esse projeto em mãos, a cotação dos itens que compõem esta etapa da obra fica muito facilitada. Vale ressaltar que essa é uma das etapas com maior relevância no custo global da obra, assim sendo, para ela, toda atenção é pouca.

A **contratação da mão de obra** é estratégica para o seu negócio. Estratégica porque a ela é atribuído forte impacto no custo geral da obra e à qualidade final do produto, tanto no acabamento quanto aos aspectos funcionais da residência.

Aqui você estará diante de três opções distintas relacionadas à sua **equipe de obra:**

- Opção pela contratação de um construtor ou administrador da obra. Aplica-se a quem se insere neste negócio na condição de investidor, conforme foi visto no "Período Analítico". Neste caso, a definição da equipe de obra ficará a cargo deste profissional.

- Opção pela contratação do empreiteiro. Neste caso, a sua interação com ele será intensa no decorrer da obra; você, como gestor e ele executando e coordenando os trabalhos. Podemos encontrar no mercado empreiteiros, que assumem a execução da obra toda; alguns não executam pintura, e outros não executam pintura e gesso. A ele, ficará a incumbência de montar a equipe, coordenar os trabalhos, gerir o pessoal para distribuição dos serviços e respectiva supervisão. Parte do pagamento dos serviços feito ao empreiteiro será repassado por ele à equipe.

- Opção pela contratação direta de pedreiros e ajudantes. Para essa modalidade, os pagamentos são acertados por diária. Isso impõe ao empreendedor a necessidade de acompanhar muito de perto a execução dos serviços, sob pena de ter a produtividade comprometida, caso não haja tal proximidade.

Sendo assim, há que se ter cautela com a contratação de mão de obra, de forma que devemos evitar analisar apenas o valor que determinado pedreiro, empreiteiro ou construtor/administrador oferece pelo serviço a ser executado.

É importante considerarmos também o currículo ou histórico de obras, a experiência do profissional e de sua equipe, quantidade de operários, velocidade de execução da obra e equipamentos disponibilizados pelo contratado (betoneira, andaime, ferramentas em geral, veículo, EPIs).

A contratação bem-feita é aquela que trará melhores resultados; seja quanto à lucratividade do negócio, quanto ao tempo de execução, ao melhor uso dos materiais, a melhor parceria que se estabelece entre o construtor e a equipe de obra, à qualidade final do produto e à funcionalidade e acabamento.

A qualidade de uma construção é percebida pelo seu público-alvo, ainda que de forma instintiva ou empírica. Assim sendo, observar esse aspecto do negócio é trabalhar em favor da liquidez do empreendimento. Sabemos que quanto menor o ciclo do empreendimento melhor será seu resultado financeiro, desde que observado o correto encaixe do valor de venda do imóvel, no mercado onde ele é situado.

A análise dos Custos Diretos apresentará o montante de recursos que será necessário para conduzir a obra até sua conclusão, contudo, outras despesas incidirão posteriormente à conclusão da obra, às quais identificamos como Custos Indiretos. São elas:

1 - Despesas com comercialização ;
2 - Despesas financeiras;
3 - Imposto de renda.

As **despesas com comercialização** são compostas por eventuais gastos com publicidade e divulgação e pelo comissionamento feito à imobiliária ou corretor que, eventualmente, venha intermediar a venda do imóvel.

O CRECI – Conselho Regional dos Corretores de Imóveis – estabelece que a comissão, da imobiliária ou corretor, seja de 6% sobre o valor de venda de imóvel urbano, contudo, tal percentual pode ser negociado pelas partes de forma a estabelecer previamente outra alíquota ou valor, desde que atenda os anseios dos participantes.

Segundo critérios próprios, o proprietário pode optar pela venda direta, sem dispor para isso da intermediação de profissional habilitado.

As **despesas financeiras** são compostas pelas taxas bancárias e pelo custo do capital. Considera-se que, na medida da evolução da obra até o momento da efetivação da venda do imóvel, os recursos aportados e imobilizados ali tiveram um custo que foi determinado por índices de mercado (Ex.: INCC, IGP-M, SELIC). Esse custo deve ser mensurado e contemplado nos controles financeiros do empreendimento.

Ao observar a incidência desses custos, perceberemos que quão mais curto o ciclo do nosso empreendimento (projeto, obra e efetivação da venda), melhor será sua lucratividade, considerando para isso que o valor de venda esteja bem encaixado à realidade do mercado onde o imóvel é situado.

E, por fim, consideraremos, nas nossas projeções, a incidência do **imposto de renda**, que recairá sobre o ganho de capital, que é calculado desta forma:

$$IR = VV - (VT + MC + L + MO + TX + CV) * 15\%$$

IR:	Imposto de renda;
VV:	Valor bruto de venda;
VT:	Valor de compra do terreno;
MC:	Custo total dos materiais de construção;
L:	Custo com locação de equipamentos;
MO:	Custo total da mão de obra contratada;
TX:	Taxas;
CV:	Comissão de Venda;
15%:	Alíquota máxima a ser praticada.

O pagamento do Imposto de Renda sobre o ganho de capital nos impõe a necessidade de controlarmos adequadamente todas as compras e contratações feitas no decorrer da obra, recolhendo os comprovantes com valor fiscal para que seja apresentado à Receita Federal, se necessário.

Importante ressaltar que este imposto é apurado e deverá ser recolhido até o último dia útil do mês seguinte ao recebimento do dinheiro relativo à venda do imóvel. Sendo assim, o recurso destinado ao pagamento do imposto sobre ganho de capital não precisa estar em caixa durante a obra. No ano seguinte, quando for feita sua declaração de imposto de renda, a transação é comunicada à Receita Federal.

Muito bem! Com isso, temos condição de ir para a **Análise de Viabilidade Econômica** do empreendimento.

A Análise de Viabilidade Econômica do empreendimento pressupõe que saibamos:

- O valor total estimado da obra;
- O valor de mercado do imóvel como se pronto estivesse;
- O ciclo do empreendimento.

A determinação do **valor estimado da obra** se dará pelo uso dos índices SINAPI ou CUB – SINDUSCON, por se tratarem de publicações mensais, apresentadas por valor unitário (R$/m²) que contempla o valor dos materiais, mão de obra, despesas administrativas e equipamentos, feitas por institutos de reconhecida credibilidade, cujos valores apontados possuem bom alinhamento com a realidade de mercado.

Todos os valores, que utilizaremos aqui, tem como referência o índice CUB – SINDUSCON de agosto de 2021, entretanto, é necessário que os apresentemos de forma que você possa fazer suas devidas atualizações, tomando como referência o momento em que esteja lendo este livro. Para que isso possa ser feito de forma prática, os apresentaremos também por **Unidade Referencial de Valor,** que passaremos a chamar de **URV - CUB.**

Desta forma, você terá acesso a valores atualizados, poderá perceber a ordem de grandeza dos custos para construção de uma residência, além, é claro, de fazer suas devidas adequações, para o caso real que seja objeto do sua Análise de Viabilidade.

Para ilustrarmos os conceitos que veremos a seguir, lançaremos mão de mais um estudo de caso real, cujas características são as seguintes:

- Residência unifamiliar de padrão normal;
- Área construída de 120,44 m², das quais 7,10 m² referem-se a abrigo desmontável, que será ponderada em 50% para fins de definição do custo de execução do referido abrigo;
- Índice de preço utilizado: CUB – SINDUSCON, base agosto de 2021, construção R1 (residencial unifamiliar), padrão normal: R$2.057,42.

Vale ressaltar que o importante aqui são os conceitos e a ordem de grandeza dos valores.

Desta forma teremos:	
Valor do terreno:	R$116.000,00 ou 56,18 URV - CUB
Despesas com documentação:	R$16.000,00 ou 7,94 URV - CUB
Material + mão de obra + despesas administrativas + equipamentos:	R$256.000,00 ou 124,57 URV - CUB
Custo preliminar direto:	R$388.000,00 ou 188,69 URV - CUB

A determinação do valor de mercado do imóvel, como se estivesse pronto, se dará, ao menos, em dois momentos distintos; um, na fase de análise da viabilidade do empreendimento, outro, ao final da obra, quando há a necessidade de atualizar o valor de mercado do imóvel, e tantos mais quantos forem necessários, para o caso de lentidão na efetivação da venda do imóvel.

Nesses casos, é fundamental nos mantermos atentos ao mercado no que diz respeito ao valor dos imóveis situados na zona primária de influência do seu empreendimento. É natural que haja variações nos valores praticados na região, e a manutenção do preço de venda do seu imóvel alinhado com o mercado é fator determinante para atingir uma boa velocidade de venda, preservando a liquidez do negócio e garantindo lucratividade compatível com o que se pratica naquela região. Esse encaixe, bem-feito, do valor do imóvel é um dos fatores determinantes para o êxito no momento da venda.

Diversas são as variáveis que influenciam na formação de valor de determinado imóvel. Inicialmente, essas variáveis são identificadas empiricamente, e, num segundo momento, são estudadas estatisticamente.

Em primeira análise, os resultados do estudo estatístico nos apontarão se as variáveis determinadas inicialmente são importantes na formação de valor do imóvel ou não. Podemos citar como exemplo a existência ou não de suíte no imóvel. Em princípio, entendemos que suíte valoriza a construção e é determinante para a formação de valor, contudo, é possível que tenhamos determinado mercado em que a característica não seja significativa; o que aponta para o construtor quanto à possibilidade de não contemplar quartos com suíte em seu empreendimento.

É recomendável que esta determinação seja feita com o apoio de profissional especializado (Engenheiro de Avaliações), uma vez que ele poderá apontar não só o valor de oferta que deverá ser praticado para o imóvel, mas também as características que são relevantes na sua formação de valor, além da taxa de desconto que vem sendo praticada com a efetivação da venda dos imóveis existentes naquele mercado.

Com essas duas informações, valor de oferta (e venda efetiva) e custo da construção, já podemos ter uma primeira percepção da lucratividade (e consequente, grau de risco) que este negócio poderá ter. Estamos falando do **Lucro Nominal.**

Contudo, para buscarmos o **Lucro Efetivo,** é necessário considerar o **Ciclo do Empreendimento,** que é o período que se inicia no momento do desembolso feito para a compra do terreno, e acaba com a efetivação da venda, que é caracterizada pela entrada do valor de venda do imóvel na conta do construtor.

Ao considerarmos tal ciclo, colocamos na base dos nossos estudos, o fluxo de caixa, que é determinado pelos desembolsos feitos, desde a aquisição do terreno até a conclusão da obra, e a velocidade de venda do empreendimento. Usaremos a matemática financeira que estará apoiada no tempo de duração deste ciclo, tomando por referência determinada taxa (INCC, Poupança, SELIC, IGP-M etc.), que deverá ser aquela que melhor traduza, não só a realidade do mercado e do negócio em que se está inserido, mas também as suas expectativas enquanto investidor.

A partir do valor total estimado da obra, do valor de mercado do imóvel como se pronto estivesse e do ciclo estimado para o empreendimento, teremos condições de fazer a **Análise de Viabilidade** do nosso negócio, que é assim apresentada:

Mês	Programa de Produção	Delta Custos/ Taxa Rferencial	Custeio da Produção		Terreno Taxas Aprovações	Custeio Nominal da Produção	Custeio da Produção	Custeio da Produção + Custo Financeiro
			Base	Real				
			Valores					
	A	B	C	D=CxB	E	F=C+E	F'=D+E	G'=(C+E)*B
Total	100%		R$256.000,00	R$260.230,66		R$388.000	R$392.230,66	R$406.631,84
0		1,00000			R$132.000		R$132.000	
1		1,00427						
2	19,45%	1,00856	R$49.792,00	R$50.218,43			R$50.218,43	
3	22,72%	1,01287	R$58.163,20	R$58.911,98			R$58.911,98	
4	25,26%	1,01720	R$54.665,60	R$65.777,97			R$65.777,97	
5	19,47%	1,02155	R$49.843,20	R$50.917,24			R$50.917,24	
6	13,10%	1,02591	R$33.536,00	R$34.405,03			R$34.405,03	
7		1,03030						
8		1,03470						
9		1,03912						
10		1,04356						
11		1,04802						R$406.631,84
12		1,05250						

Receita de Venda	Fluxo de Caixa	Receita Financeira	Contas Conexas às Vendas	Resultado Líquido de Vendas	Resultado Líquido do Empreendimento	Imposto de Renda Sobre Ganho de Capital	Resultado Líquido Depois do IR	Resultado Percentual Depois do IR
Valores					Resultados			
H	I=(C+J)-D	J-IxCDI	K	L=H-K	M=J+L	N=((H-K)-F)*15%	O	P=O/G
87.000		R$ 4.179,31	R$29.820,00	R$457.180,00	R$461.359,31	R$ 10.467,00	R$44.260,47	10,88%
	R$256.000,00	R$1.100,80						
	R$257.100,80	R$1.028,40						
	R$207.910,77	R$894,02						
	R$149.892,80	R$644,54						
	R$84.759,37	R$364,47						
	R$34.206,60	R$147,09						
	R$ (51,35)	R$ (0,22)	R$150,00					
			R$150,00					
			R$150,00					
			R$150,00					
7.000			R$29.220,00					

No quadro anterior temos:

A análise começa com a efetivação da aquisição do terreno.

Na coluna A, consta o programa de produção, o fluxo de desembolsos que se projeta aplicar à obra.

Na coluna B, estão os fatores que mostram a evolução mensal acumulada da taxa SELIC, que está na base da nossa análise. Outros índices podem ser usados de acordo com o entendimento do analista a respeito de qual deles melhor reflete o comportamento do mercado e do negócio em si.

Na coluna C, está a expectativa nominal de desembolso, segundo o que se tem projetado quanto ao fluxo de desembolsos apontado na coluna A.

Na coluna D, está a expectativa de desembolso considerando o fator de atualização baseado na evolução mensal acumulada da taxa SELIC.

Na coluna E, temos o valor do terreno somado às taxas associadas à sua aquisição.

Na coluna F, temos o custeio nominal da produção.

Na coluna F', temos o custeio nominal da produção, considerando o fator de atualização baseado na evolução mensal acumulada da taxa SELIC.

Na coluna G, temos o custo total final do empreendimento, a ser considerado na data da venda do imóvel.

Na coluna G', temos o mês no qual se estima que a venda do imóvel seja concretizada.

Na coluna H, temos o valor efetivo de venda, resultante da pesquisa de mercado e respectiva avaliação do imóvel.

Na coluna I, temos o fluxo de caixa, dado pelo período compreendido entre a compra do terreno e a conclusão da obra.

Na coluna J, temos a receita financeira obtida pela rentabilidade do capital global do empreendimento, disponibilizado em aplicação financeira. Neste caso, estamos considerando, que o capital total para início e conclusão do empreendimento está disponível para o empreendedor, e ainda, que o investimento escolhido por ele tem retorno alinhado com a taxa do CDI.

Na coluna K, temos as contas conexas às vendas.

Na coluna L, temos o resultado líquido de vendas, determinado pela subtração da receita obtida com a venda do empreendimento e os custos a ela associados.

Na coluna M, temos o resultado líquido do empreendimento, determinado pelo resultado líquido de vendas, somado à receita financeira.

Na coluna N, temos o cálculo do Imposto de Renda, que incide sobre o ganho de capital, apresentado anteriormente na página 37.

Coluna O, temos o resultado líquido depois do IR.

Coluna P, temos o resultado líquido, dado em percentual.

Muito bem, desta forma, chegamos ao final do Período Analítico!

O conteúdo, apresentado até aqui, tem grande relevância para uma tomada de decisão consciente; diferentes alternativas podem ser testadas, e a decisão por empreender, ou não, estará respaldada por uma análise de mercado, que traz consigo o objetivo de esclarecer os riscos e potencialidades inerentes a esse negócio.

É importante ressaltar que a quantidade de análises a serem feitas são tão maiores quanto à disponibilidade de recurso do empreendedor. Por exemplo, havendo boa disponibilidade, podemos pesquisar diferentes mercados; de imóveis de alto padrão, padrão normal ou popular, ou ainda, mercado de residências unifamiliares ou multifamiliares. Já, quando se tem pouca disponibilidade, as alternativas de análise diminuem, e, neste caso, elas podem ficar limitadas à região/bairro, onde for mais interessante empreender.

PERÍODO OPERACIONAL

Feita a Análise de Viabilidade e confirmada a sua decisão por construir, iremos para a fase seguinte, o Período Operacional. Essa fase é composta pelas seguintes etapas:

- Escolha do terreno;
- Determinação dos projetos;
- Análise técnica, econômica e comercial;
- Início da construção;
- Curva ABC;
- Determinação do valor de venda;
- Comercialização;
- Aferição do lucro obtido;
- Fatores limitantes à concessão de crédito habitacional.

Faremos aqui uma abordagem mais ampla, com relação àquela que foi tratada no Período Analítico, se todas as premissas, até então, adotadas, permanecem válidas.

Escolha do Terreno

Como tratado nas páginas 32 e 33, aspectos relacionados ao valor de compra, à topografia, às benfeitorias existentes, são características muito importantes, que devem nortear sua escolha. São importantes, mas não são as únicas. Há de se observar ainda:

Vizinhança: é desejável que se evite terreno vizinho a vazio urbano, ou área abandonada, a construções inacabadas ou de padrão construtivo inferior àquele que você determinará para o seu imóvel, à via pública com ocorrência de feira livre ou comércio de intenso movimento noturno.

Localização do imóvel no bairro: regiões baixas, ou em via pública íngreme, ou situado na periferia do loteamento, também devem ser observadas com critério. Via de regra, imóveis situados nessas regiões têm sua comercialização prejudicada, por aspectos relacionados à segurança e conforto.

Analogamente, observamos que, características opostas a essas citadas acima, são desejáveis: parte alta do bairro, com topografia tão mais plana quanto possível, que preserve distância razoável à periferia do loteamento, vizinhança composta por imóveis similares ao que se deseja construir, composta de construções finalizadas, de preferência em via com ocupação consolidada, ou em desenvolvimento, onde o uso residencial seja predominante.

Cota: terreno situado abaixo da cota do nível da rua impõe custos adicionais à obra, pode implicar em severo comprometimento quanto à comercialização, no que tange a aceitação deste imóvel por parte do seu público-alvo, e terá desvalorizada a residência que ali for construída. Em escala menor, o oposto também se aplica a imóveis situados acima do nível da rua, podem impor elevação no custo da obra e restrição quanto a sua aceitação pelo mercado. É ideal optar por imóvel situado no mesmo nível da via, e que, preferencialmente, demande pouca movimentação de terra.

Solo: é importante que características quanto a sua composição, resistência e estabilidade sejam verificadas através de sondagem de solo. Áreas aterradas merecem atenção e demandam pesquisa do comprador quanto ao tipo original de solo, situado abaixo do aterro executado. Neste caso, a sondagem se faz ainda mais necessária.

A execução de aterro demanda criterioso acompanhamento técnico e, quando mal-feito, pode elevar as possibilidades de patologias construtivas futuras.

Aquisição: é necessário que tal aquisição se concretize, documentalmente, por meio da averbação, na Matrícula, da transação feita, de forma a garantir a você, a propriedade do imóvel. É fundamental constatar previamente que o imóvel esteja livre de quaisquer ônus ou embaraços. Para tanto, o comprador deve solicitar a apresentação das seguintes certidões:

- Negativa de ônus, expedida pelo Cartório de Registro de Imóveis da comarca onde o terreno é situado;
- Cível, expedida pelo Distribuidor Forense;
- De Protestos, expedida pelo Cartório de Protestos;
- Justiça Federal;
- Negativa da Justiça Trabalhista;
- Negativa da Receita Federal.

DETERMINAÇÃO DOS PROJETOS

Uma vez que a compra do terreno foi realizada, partiremos para a etapa da **determinação dos projetos,** anteprojeto arquitetônico, e projetos arquitetônico, legal, estrutural e de instalações (hidráulica e elétrica).

As abordagens feitas, nas páginas 26 a 28 quanto ao **anteprojeto e projeto arquitetônico,** se aplicam a etapa em que estamos.

Nesta fase, com todo o subsídio que você já tem com relação ao mercado, onde sua construção será executada, é desejável que adote uma estratégia que auxiliará, não só na determinação do seu projeto, mas também o norteará no decorrer da obra.

Refiro-me a observar as características físicas (qualidade, preço, tipo de acabamento, materiais utilizados etc.) dos imóveis que disputarão com o seu, a preferência do futuro comprador.

De posse desse conhecimento, e da sua percepção quanto ao que pode diferenciar a sua construção das demais, definem-se as características que serão aplicadas ao imóvel.

Características que podem implicar, por exemplo, em um produto mais barato que os demais, ou com mais qualidade, ou com diferenciais que os demais não tenham (garagem ou área de serviço cobertas, churrasqueira, piscina), ou ainda, que tenha ampliação futura prevista sem que a proposta arquitetônica seja prejudicada, etc.

Essa estratégia dará “personalidade” ao seu imóvel e tornará claro o posicionamento que você pretende dar a ele no mercado onde estiver inserido. Isso o balizará no decorrer da obra e depois dela, no momento da comercialização.

Com o **Projeto Arquitetônico** concluído, poderemos dar andamento, simultaneamente, aos Projetos Legal, Estrutural e de Instalações (quando necessário).

O **Projeto Legal** é aquele que enquadrará sua construção, nas exigências estabelecidas pela Lei de Zoneamento Municipal, citada nas páginas 26 e 27. A ele, está vinculada, a expedição do Alvará de Construção.

Há inúmeros problemas construtivos que podem ser evitados quando a obra tem um **Projeto Estrutural**, e é executada de acordo com suas especificações. Nele, será apresentada a melhor alternativa de execução da infra e supra estrutura da edificação, de acordo com as características do local onde a obra será executada, e do projeto arquitetônico.

Seu conteúdo deve contemplar o dimensionamento dos elementos da fundação, vigas, pilares, lajes, cintamento, vergas e contravergas; o dimensionamento e especificação das ferragens; os detalhes esquemáticos de execução dos elementos estruturais a serem executados na obra; a resistência do concreto, ou o traço[1] que deverá ser usado, além do quadro resumo das ferragens.

---

[1] *Traço é a proporção da mistura de agregados e cimento Portland, que misturados com água resultarão em argamassa ou concreto.*

Caso a necessidade de execução de muros de arrimo ou outros elementos alheios à construção em si, recomenda-se que não sejam executados sem o **respaldo de um projeto estrutural.**

ANÁLISE TÉCNICA, ECONÔMICA E COMERCIAL

As análises técnica, econômica e comercial são irmãs siamesas. Elas não se dissociam, uma das outras, em momento algum. O que for decidido a respeito de uma delas impactará diretamente nas demais.

As decisões tomadas nesta etapa resultarão na forma como o imóvel ficará depois de concluído. É aqui que os aspectos físicos do imóvel, em todos os seus detalhes, serão definidos.

Colocaremos em prática o que tratamos nas páginas 53 e 54, quanto a dar para o imóvel uma identidade muito bem definida, o que permitirá definir a maneira como você se comunicará com o seu mercado consumidor, identificando com a clareza necessária o que distingue o seu imóvel dos demais, que estarão disputando o mesmo mercado.

Serão definidos, então, o tipo de alvenaria, o tamanho e formato dos vãos de portas e janelas, assim como o tipo de material a ser usado nas esquadrias, o local de aplicação dos azulejos e seus respectivos modelos, se o piso será cerâmico, porcelanato, laminado de madeira, taco, se o telhado será executado com telhas cerâmicas ou de concreto, ou ainda, se será do tipo embutido, o que propicia o uso de telhas de fibrocimento, marca e modelo das louças e metais, enfim, tudo o que será aplicado à obra.

Cada um desses itens o colocará diante de questionamentos relacionados ao desempenho do material ou técnica, ao prazo de execução ou instalação, aos custos a eles associados, à aceitação, pelo mercado, da marca do produto, material ou técnica utilizada etc...

A seguir, citaremos alguns aspectos que ilustrarão melhor o assunto.

Definição do tipo de alvenaria a ser utilizada

O tijolo cerâmico (não estrutural) oferece melhor conforto térmico e acústico, demanda uso de ferragem mais robusta e maior volume de concreto, se comparados àqueles utilizados na alvenaria estrutural, demanda ainda utilização de madeiramento para a montagem de formas, o que impacta numa diminuição da velocidade de construção.

O bloco de concreto (não estrutural) tem as mesmas demandas do tijolo cerâmico e algum prejuízo se compararmos a questão do conforto térmico.

A alvenaria estrutural oferece vantagem quanto ao volume de concreto e a ferragem a ser utilizada na obra, transfere ainda maior velocidade à sua execução. Demanda mão de obra especializada e maior dedicação na fase de planejamento e projetos. Se comparado às demais alternativas, tem o conforto térmico e acústico menos eficientes.

Definição da cota da construção no lote

Usando um terreno em aclive como exemplo, você terá a possibilidade de definir se a construção será executada 50 cm acima do nível do passeio público, ou se será implantada na cota intermediária do aclive. Optando pela primeira, terá custo de remoção de terra e execução de contenções, com algum ganho de atratividade na fase de comercialização.

Já se optar pela implantação na cota superior, não terá despesas acentuadas quanto à movimentação de terra e, eventualmente, zerará a despesa com execução de contenção, perdendo um pouco da sua atratividade no momento da comercialização

Definição do telhado

Este item começa a ser definido no Projeto de Arquitetura e recomenda-se que esteja em consonância com as características observadas na região onde a construção será executada.

O telhado embutido permite o uso de telhas de fibrocimento, e, consequentemente, estrutura mais "leve", há comprometimento do conforto térmico na edificação, caso não seja adotada solução de isolamento. O custo total do item é inferior se comparado às outras alternativas.

Já os telhados tradicionais demandam a execução de estrutura mais robusta, que seja adequada ao peso das telhas cerâmicas ou de concreto, que serão instaladas sobre ela.

O tipo, modelo e cor das telhas finalizam essa análise, e têm forte impacto na percepção, ainda que subjetiva, dos aspectos relacionados ao padrão e qualidade da construção.

Desta forma, essa análise deve se repetir para cada item da obra, privilegiando assim o necessário planejamento que um empreendimento desta natureza demanda.

Custos Gerais

No "Período Analítico", apresentamos o gráfico com a distribuição dos custos de um empreendimento, fazendo menção aos custos mais significativos.

A seguir, faremos a apresentação da composição dos custos do empreendimento, conceituando-os, para tanto, lançaremos mão do mesmo gráfico apresentado anteriormente na página 31.

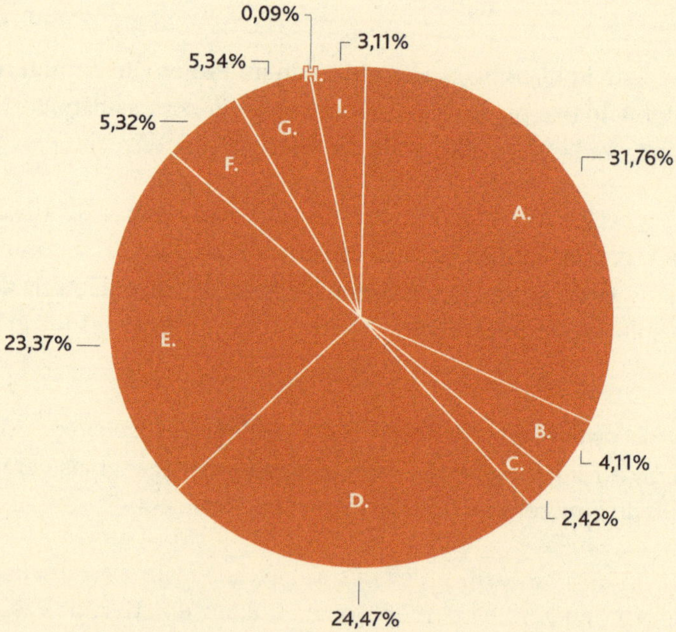

A. Terreno
B. Movimentação de terra e contenções
C. Taxas
D. Material
E. Mão de Obra
F. Administração
G. Financeiro
H. Vendas
I. Imposto de Renda

Custos do empreendimento

Agora trataremos dos custos dos quais o empreendimento é composto, analisando um a um:

- → Administração da obra;
- → Taxas;
- → Custo financeiro;
- → Imposto de Renda;
- → Terreno;
- → Material de Construção;
- → Mão de obra.

Administração da Obra

A **administração da obra** é um custo não muito familiar aos pequenos construtores, ou àqueles que estão iniciando suas atividades no negócio. Talvez porque não se deem conta de que seu trabalho, enquanto administrador, pode, e deve, ser remunerado.

Considerá-la como custo direto é trabalhar em favor da boa prática administrativa e contábil, com a qual você preparará seu negócio para o desejado crescimento, sem comprometer a percepção real da sua lucratividade. Quando, no futuro, você estiver na administração do negócio, tendo construtores contratados executando suas obras, o pagamento deles se dará a partir desta taxa.

Não a considerar, implica numa espécie de maquiagem do lucro, dando ao construtor uma falsa percepção de retorno do capital investido.

Exemplo disso é o caso de empreendimentos de baixa lucratividade, em que a não consideração da taxa de administração da obra, pode, em alguns casos, esconder uma condição de prejuízo real. Esse é mais um motivo que aponta para sua importância.

A taxa habitualmente praticada no mercado, para construções unifamiliares, varia entre 8% e 15%.

Impostos e Taxas

Esse grupo de despesas não possui grandes possibilidades de variação, visto que são determinados por percentual pré-estabelecido (Ex.: Imposto de Renda e Taxa de Administração), pelo ciclo do empreendimento (Ex.: Custo Financeiro), ou por impostos que recaem sobre o negócio (Ex.: Habite-se, contribuições previdenciárias, despesas cartorárias).

Além disso, é importante conhecer intimamente as condições de aplicação de cada imposto: ITBI e Habite-se (impostos municipais), Escritura, Registro e Averbação da Construção na Matrícula (impostos estaduais), e contribuições previdenciárias e Imposto de Renda (impostos federais).

Conhecer bem as regras lhe permitirá estabelecer o recolhimento justo desses tributos, evitando assim pagar imposto, equivocadamente, a mais ou a menos.

Isso começa ainda na fase de projeto, onde as dimensões da residência e as informações prestadas no Projeto Legal servirão de base para a definição do valor de alguns dos impostos a serem recolhidos.

Taxas e impostos incidem tanto sobre o valor do terreno, que será comprado, quanto sobre a construção em si e sua respectiva regularização, assim temos:

Taxas incidentes sobre o valor do terreno

- ITBI - Imposto sobre Transmissão de Bens Imóveis – ITBI: Trata-se de taxa municipal que varia, habitualmente, de 2% a 4% de acordo com o que rege a legislação municipal;

- Escritura: É expedida pelo Cartório de Notas no momento da aquisição do imóvel. Trata-se de imposto estadual;

- Registro: É expedido pelo Cartório de Registro de Imóveis.

Para eventual desdobro do terreno, haverá a necessidade de tramitação de processo específico junto à prefeitura municipal, que gerará uma taxa para esta finalidade.

Faculta ao comprador a solicitação das certidões citadas na página 51, cujas expedições também têm custo a elas associados.

Taxas incidentes decorrentes da regularização da construção:

- Expedição de Alvará de Construção: A ela, está vinculada a necessidade de recolhimento de ART – Anotação de Responsabilidade Técnica e Caderneta de Obras (para municípios que exigem tal documento);

- Ligação de água e luz, e consequentes contas mensais a serem pagas a essas concessionárias.

- Expedição do Habite-se: Trata-se de imposto municipal que pode variar de acordo com as características da construção e ao público a que se destina, sendo que o custo unitário (R$/m² de área construída), habitualmente, é tanto maior quão mais elevado for o padrão construtivo. Há municípios que oferecem a isenção do imposto para imóveis de padrão popular, sem que tal isenção se aplique para o caso de construção que será destinada à venda.

- Contribuições previdenciárias: Este imposto pode ser recolhido no curso da obra com o cadastramento dos operários, através de recolhimento mensal das guias, ou quando a construção já estiver concluída e o Habite-se expedido.

A definição do valor e respectiva geração da guia para pagamento se dá no âmbito da Receita Federal, que se utiliza do CUB – Custo Unitário Básico, para proceder o cálculo do custo total da obra, e esse, por sua vez, servirá de base para se determinar o valor do imposto devido. É aqui que o conhecimento sobre as regras que estabelecem o cálculo das contribuições previdenciárias será fundamental para que você pague o valor justo deste imposto (nada a mais, nem a menos).

Ao custo da obra se aplicará o conceito de área de construção padrão e área de construção complementar (ou equivalente). Garagens, varandas, terraços, piscinas, quadras etc., são alguns dos exemplos de área de construção equivalente. A elas, é aplicado o fator redutor de 50% quando forem áreas cobertas e 75% quando forem áreas descobertas.

Daí decorre a importância de apontar corretamente essas informações no Projeto Legal, que tramitará na prefeitura municipal e servirá como base para que o cálculo deste imposto seja feito.

- Averbação da construção na Matrícula: Deve ser feita após a emissão do Habite-se e quitação das contribuições previdenciárias referentes à obra. Em termos práticos, esta averbação é o comunicado oficial que se faz ao Cartório de Registro de Imóveis, informando que aquele lote vago que foi comprado, recebeu uma construção, cujas características de área construída e eventuais abrigos desmontáveis, passarão a ser citadas nesta Matrícula.

- O Imposto de Renda sobre o Ganho de Capital (página 37) soma-se aos demais impostos que recaem sobre o seu empreendimento.

Custo Financeiro

O custo financeiro tem relação direta com o Índice de Mercado (página 41) que você determinou para fazer a atualização de valor aportado no empreendimento, e este, por sua vez, está intimamente ligado às velocidades de execução da obra e, posteriormente, de venda do imóvel.

Veja quão importante é o que vimos até aqui acerca dos aspectos que envolvem a escolha da equipe de obra, do terreno e determinação dos projetos. Um produto bem encaixado, na realidade do mercado onde estará inserido, terá maior velocidade de venda e, consequentemente, menor incidência dos custos financeiros, melhorando assim seu lucro.

Agora trataremos de outro grupo de custos, que se apresenta com comportamento oposto aos que vimos até aqui. Neles, observamos grande variação de preço, e isso nos trará muitas oportunidades, e demandará muita atenção.

São eles: **terreno, materiais de construção e contratação da mão de obra.** A eles, são atribuídos, aproximadamente, 80% do aporte financeiro necessário para viabilizar uma construção de padrão popular, por exemplo. Cabe, nesta etapa, analisá-los.

Terreno

Observe que, nos gráficos das páginas 31 e 60, estão contemplados dois aspectos muito interessantes, um deles diz respeito à escolha do terreno quanto à topografia e a outra quanto à venda do imóvel depois de concluída a construção.

O terreno onde foi construída a residência apresentava declive de aproximadamente 10%. O necessário trabalho de regularização topográfica, que envolve a execução de muros de arrimo, movimentação e compactação de terra e locação de maquinário para a execução do serviço, impôs ao negócio um custo adicional de 4,11% do valor total.

Este é um caso clássico da importância de, no momento da compra do terreno, escolher aquele que não imponha custos que não agregarão valor ao seu imóvel. Se, neste mercado, a construção acontecesse em terreno plano, o lucro do construtor seria de 4,76% superior ao que se efetivou. Em outras palavras, o valor gasto com a regularização topográfica seria revertido em lucro para o construtor.

Outro aspecto interessante neste caso é quanto à venda do imóvel depois de concluída a construção. Observe que o custo relativo ao item "Vendas" foi de apenas 0,09%. Isso se deu pelo fato de o imóvel ter sido construído em loteamento em desenvolvimento, onde havia grande oferta de residências à venda.

Apesar de se ter ali um mercado mais competitivo, dado o número de unidades disponíveis, o construtor optou pela venda direta ao observar o fluxo de clientes no bairro. Para o caso em questão, não houve nenhum comprometimento de liquidez do negócio, pois a venda do imóvel aconteceu 10 dias depois que a obra foi concluída.

Podemos tirar diversas conclusões ao observarmos a representatividade do valor do terreno no custo total do negócio. Talvez a mais óbvia delas seja a de que, quanto mais próxima a área total construída estiver do valor máximo do Coeficiente de Aproveitamento, permitido pelo município através de sua Lei de Zoneamento, melhor será o desempenho econômico e financeiro deste empreendimento. Desta forma, minimizaremos a representatividade do valor do terreno com relação ao total alocado naquela obra. Observamos que a decisão pela verticalização das construções se apresenta como uma alternativa de grande atratividade.

Não devemos perder de vista que a primeira análise quanto ao tamanho da construção a ser executada se sobrepõe a condição de aproveitamento máximo do terreno, ou seja, se em um mercado cujo tamanho médio das casas é de 100,0 m², mas, segundo a Lei de Zoneamento vigente, há a possibilidade de construir até 250,0 m², optaremos pela definição de um projeto de algo em torno de 100,0 m² para assim mantermos nosso imóvel em consonância com o que aquele bairro tem.

Material de Construção

Fica reservada para a compra de materiais de construção uma enormidade de conceitos, conhecimentos e estratégias.

Como visto nas páginas 31 e 60 no "gráfico com a distribuição dos custos", a compra de materiais de construção tem forte representatividade no custo total do empreendimento. Percebemos aí, a importância de se optar pela contratação dos Projetos Complementares, (página 54), e a relevância que a Análise Técnica, Econômica e Comercial, (páginas 57 à 59), têm para o custo da sua obra.

Mas não para por aí. As possibilidades de gestão neste momento vão além, passam também pela correta aplicação das técnicas construtivas, que nos permitirão fazer a coisa certa com a quantidade ideal de material (traço da argamassa de assentamento é diferente do traço da argamassa de reboco); pela escolha de bons fornecedores (não adianta comprar areia barata de quem vende 12 m^3 e entrega 10 m^3, ou, vende 50 sacos de cimento e entrega 48 sacos); pela quantificação dos materiais (definir corretamente a quantidade de telhas, de tijolos, de azulejos), minimizando ou até eliminando, desperdícios pela sobra de material, pela definição da qualidade do material que será utilizado na obra (não adianta comprar um piso cerâmico muito barato e de baixa qualidade, porque essa escolha poderá causar problemas futuros, e quem sabe, demandar a troca do todo ou parte dele); e pela escolha da equipe de obra, que tenha experiência suficiente para executar o serviço com a menor perda possível de materiais. Enfim, aqui você estará "mergulhado" na construção e o resultado do seu trabalho trará impacto direto ao lucro do seu negócio.

Mão de obra

A contratação da mão de obra tem a mesma relevância do item anterior, quanto ao volume de recurso demandado por ela. Por esse motivo, apontaremos a seguir alguns aspectos fundamentais para uma boa contratação.

- Não se contrata mão de obra pelo seu valor. Mão de obra barata não é sinônimo de mão de obra boa!

- O que deve balizar sua escolha é uma criteriosa consulta a contratantes anteriores. Veja os imóveis que foram construídos pela equipe que pretende contratar. Converse com seus contratantes. Essa é a melhor prática a ser adotada.

- Apresente ao contratado o projeto completo, informe-o de todos os detalhes da obra, especificações de acabamento, etc.

- Leve-o até o terreno e defina, antes da contratação, eventual movimentação de terra, construção de contenções e muros. Especifique tudo o que será contratado.

- Verifique se o contratado oferece betoneira, andaimes e equipamentos de compactação e outros. Além de evitar despesas com a locação, lançar mão de equipamentos como esses melhora a qualidade do serviço e aumenta sua velocidade de execução, diminuindo, portanto, o tempo de obra, o que, como já vimos antes, é muito interessante para você.

- Defina, em acordo com o contratado, o prazo de obra. Crie um Cronograma Físico de evolução da obra.

- Distribua o valor total do contrato nas etapas e subetapas do Cronograma Físico, de tal forma que remunere adequadamente cada um dos serviços executados. Assim você distinguirá os serviços de menor e maior valores, por exemplo, assentar tijolo é mais barato que assentar piso. Fazendo esta distinção, a qualidade da sua gestão melhora à medida que se paga exatamente o que se executa. Isso impõe à equipe a necessidade de produzir para receber.

> Fazer pagamento linear com um prazo de obra pré-estipulado não é uma boa prática!

- Defina a forma e a rotina de pagamentos: semanal, quinzenal ou outra.

- Feita a definição da equipe, formalize a contratação através de "Contrato de Prestação de Serviços para Execução de Obra Civil".

- Deve ser parte deste contrato: o Projeto de Arquitetura Completo e o Cronograma Físico de Obra.

- O Cronograma Físico de Obra, não só pode, como deve ser o recibo que o contratado devolverá assinado, após cada etapa paga.

- Observar a necessidade de fornecimento de EPI – Equipamento de Proteção Individual. A entrega desses equipamentos deve ser acompanhada de um recibo a ser assinado pelo funcionário, que o utilizará e deverá ficar em seu arquivo. Seu uso deve ser sistematicamente exigido.

- O recolhimento das contribuições previdenciárias pode ser feito de duas formas: no decorrer da obra, com regularidade mensal através da abertura do CNO – Cadastro Nacional de Obras ou, em uma única vez, no final da obra. Ambas as situações acontecem no âmbito da Receita Federal.

O recolhimento deste imposto é exigido com a averbação da construção na Matrícula.

INÍCIO DA CONSTRUÇÃO

Muito bem! Com o conteúdo visto até aqui, você reúne todas as condições para dar início às obras. Vamos rever os conceitos? Você:

- Analisou as modalidades para se inserir no mercado da construção civil, definindo, portanto, de que forma atuará;
- De posse do capital que tem, definiu em qual mercado atuará;
- Definiu o anteprojeto da residência, estabelecendo assim o custo preliminar da obra;
- Escolheu a melhor opção de terreno, respaldado nos parâmetros aqui apresentados;
- Definiu a modalidade de gestão da obra, se por administração direta ou contratando um construtor/administrador;
- De posse do custo preliminar da obra, do valor do terreno, e demais informações necessárias, fez o Estudo de Viabilidade Econômico-Financeiro, e decidiu seguir com o negócio;

- Concluiu a compra do terreno;

- Finalizou os projetos;

- Recebeu da prefeitura o Alvará de Construção;

- Definiu a contratação da equipe de obra.

A aplicação do que vimos até aqui permitirá a você minimizar, de um lado, de forma significativa, os riscos inerentes a esse negócio, e do outro, potencializar seus resultados com a diminuição do ciclo dos seus empreendimentos, com ganho de velocidade de vendas e melhores resultados nas contratações e compras.

Agora, você está de posse de importantes elementos que dará respaldo às inúmeras tomadas de decisão quanto ao início do seu novo empreendimento.

Estamos prontos, então, para iniciar as obras!

Equipe contratada e a postos... é hora de colocar material de construção canteiro de obra. Nos apoiaremos, a partir de agora, nos conceitos relacionados ao uso dos projetos de arquitetura e projetos complementares, teremos o necessário apoio para quantificarmos o material de construção e programarmos os trabalhos que estarão por vir. Desta forma, o fluxo de obra estará definido com antecedência, isso é fundamental para que a cotação de preços possa ser feita da melhor maneira.

Uma boa programação de compras é fundamental para que tenhamos bons resultados nos custos da obra, e, para isso, é importante usarmos o conceito de Curva ABC, da qual extraímos a informação dos itens mais relevantes na composição geral dos custos: seja da nossa obra ou do nosso empreendimento!

Para apresentarmos esse conceito, usaremos os dados da obra de padrão popular.

Curva ABC por etapa da obra

- 23,37% - Mão de obra
- 09,81% - Taxas
- 09,04% - Administração
- 06,80% - Pisos e azulejos
- 06,36% - Telhado
- 05,72% - Muro
- 05,41% - Portas e janelas
- 04,87% - Laje
- 04,15% - Alvenaria
- 03,35% - Fundações
- 03,30% - Estrutura

82,57% - Total

Veja que o que tratamos em **Análise Comercial, Econômica e Financeira** se aplica aqui.

Ao se deparar com essa distribuição de pesos, você estará diante de uma série de análises a respeito do produto final que deseja entregar e as técnicas construtivas a ele associadas.

- Será que havia possibilidades de diminuir a área de azulejo nas paredes?

- Se fosse utilizada alvenaria estrutural em lugar do tijolo cerâmico, o custo de alvenaria e, provavelmente, mão de obra, aumentariam; diminuindo por consequência o de estrutura. Se fizesse tal substituição, seria alternativa mais econômica? A funcionalidade seria a mesma?

- Se, ao invés de usar brocas e vigas baldrame, usasse o radier, o custo das fundações diminuiria, sem prejuízo para a estabilidade, solidez e funcionalidade da edificação?

Enfim, essa distribuição de pesos te põe a pensar nas possibilidades, construtivas e de produto, disponíveis. E como foi dito na página 29: "*Harmonizar as relações que se estabelecem entre a estética, a funcionalidade, o padrão construtivo e o custo de execução é uma arte, ...*".

Vejamos agora a distribuição de pesos para os materiais de construção.

Curva ABC por materiais de construção

- 29,12% - Mão-de-obra
- 10,75% - Cimento
- 05,00% - Ferragem
- 03,80% - INPS
- 03,09% - Laje
- 02,41% - Telhas
- 02,38% - Gesso
- 01,77% - Tijolo Tipo 1
- 01,63% - Areia
- 01,49% - Tijolo Tipo 2
- 01,38% - Caibros
- 01,33% - Projetos
- 01,31% - Portas
- 01,29% - Brita 1
- 01,02% - Venezianas
- 01,01% - Revestimento

68,78% - Total

"Mão de Obra", foi adicionado à essa Curva ABC para chamar a atenção para o quão relevante é esse item na composição global dos custos da obra.

Analisando as informações acima, percebemos a importância do que foi tratado anteriormente sobre definir bons fornecedores; aqueles que ofereçam produtos a bom preço e que, sobretudo, entregue corretamente o que foi comprado. Observe quão representativos são os itens: cimento, areia e brita no orçamento global da obra. Não é raro encontrar fornecedor desses insumos que entregam quantidade diferente da que foi comprada.

Ainda sobre esses itens, chamo a atenção sobre a correta aplicação das técnicas construtivas para que se tenha o uso, em quantidade adequada, desses insumos. Tomo como exemplo o cimento, errar para mais na quantidade do material, em determinado traço , impõe severo prejuízo ao construtor, e, no sentido oposto, o uso em quantidade inferior ao recomendado, representará prejuízo à qualidade e segurança da construção.

Veja ainda quão significativo é o peso das ferragens. Aqui percebemos a importância de se contratar o Projeto Estrutural, que, além de todos os benefícios já mencionados, possibilita fazer a cotação com a informação compilada para a obra toda. Assim se é possível negociar uma melhor condição para o fornecimento.

*

Enfim, as análises são inúmeras. Com essas informações, você poderá determinar as melhores práticas para atingir um custo final adequado, que permita potencializar seu lucro.

DETERMINAÇÃO DO VALOR DE VENDA

Não é necessário aguardar o término da obra para atribuir valor ao imóvel e iniciar, a partir daí, os trabalhos relativos à comercialização. Pelo contrário. Ideal é, desde o início da construção, ter valor já estabelecido. Assim você poderá fazer a captação do seu cliente durante a obra; e esse é o melhor dos cenários.

Supondo que o imóvel não foi vendido durante a obra, a determinação do valor deve ser atualizada quando o imóvel estiver pronto. Em alguns mercados, é possível haver variação de preço em períodos curtos, daí a importância de se manter sempre atualizado, trabalhando desta forma em favor da rentabilidade e liquidez do seu negócio.

Analisando o imóvel pela ótica do seu valor de mercado, vemos que o valor é reflexo do mercado imobiliário existente na zona primária de influência. Percebemos que, em tese, o imóvel possui um "valor ideal" de oferta e outro de venda. Sendo o valor de oferta produto das características físicas e preço de cada um dos imóveis disponíveis para venda, em tempo presente, na citada zona primária de influência. Já o valor de venda se observa pelos valores das transações efetivas, em que é praticado algum desconto sobre o valor de oferta. Neste caso, observaremos também o desconto padrão praticado, que servirá de balizamento quanto as negociações para venda do seu imóvel.

A correta atribuição de valor para o imóvel é relevantemente estratégica para os resultados do seu empreendimento, ou seja, com o valor bem encaixado à realidade do mercado, você conseguirá extrair a melhor rentabilidade que o negócio pode proporcionar.

Veja que não me refiro a atribuir valor elevado (acima do praticado pelo mercado) ao imóvel. Refiro-me ao encaixe de preço, visto que atribuir valor abaixo do "valor ideal" comprometerá parte do lucro, ainda que possa resultar em aumento de liquidez. Neste caso, cabe a você calcular se o ganho de liquidez foi suficientemente interessante a ponto de justificar a perda de rentabilidade. E, na outra ponta, trabalhar com valor acima do "valor ideal" pode comprometer a liquidez, impondo custos financeiros indesejados, que comprometerão o resultado final do seu negócio.

E como chegar ao dito "valor ideal"? A avaliação imobiliária é uma ciência acolhida no âmbito da Engenharia. O estudo que propomos aqui, com esse grau de refinamento, inclusive com o apontamento de aspectos de arquitetura que tenha relevância para o mercado consumidor, é possível ser feito com técnicas de Engenharia de Avaliações.

A matéria prima, para a avaliação do seu imóvel, é formada pelos seus pares, os imóveis que concorrerão com o seu pela preferência do público-alvo ao qual se destina. É desejável que sejam situados na sua zona primária de influência (em vias próximas, no mesmo bairro/loteamento). Na falta de elementos comparativos que reservem desejável proximidade, poderemos lançar mão de imóveis de bairros vizinhos, homogeneizando os dados, ou seja, permitindo tratá-los em comparação direta, com técnicas de avaliação. É necessário fazer a "leitura do mercado", identificando as características físicas dos imóveis que comporão sua base de comparação. A partir daí se procede ao cálculo do valor.

Citamos algumas dessas características que, via de regra, têm relevância na formação de valor do imóvel. São elas: Área de terreno e área construída, topografia do terreno, padrão de acabamento, idade aparente e estado de conservação, existência ou não de suíte, de cobertura das vagas de garagem e da área de serviço, enfim, uma série de outros aspectos podem ser estudados, de acordo com as características de cada mercado. E isso deve ser tratado caso a caso.

Ocorrência de determinados eventos e/ou instalação de equipamentos urbanos, ou ainda, aspectos relacionados a geografia da região onde seu imóvel será situado, podem influenciar positiva, ou negativamente, na determinação de valor do seu imóvel, interferindo, inclusive, na liquidez.

Alguns deles são: situado de frente para o mar, próximo a importante centro comercial ou parque, são exemplos que valorizam e melhoram a liquidez do imóvel. Já aqueles situados em via pública, onde há feira livre, ou que esteja próximo de estação de tratamento de esgoto, ou ainda, em região de movimentação noturna intensa, são exemplos que comprometem negativamente o valor de mercado do imóvel e sua liquidez.

Por isso, contar com o apoio de profissional especializado, que o abasteça com informações de mercado e de produto, ainda na fase da concepção do projeto, que aponte o "valor ideal" do imóvel no Estudo de Viabilidade, e que atualize esse valor no momento do início das obras e no término delas, é, sem dúvidas, uma prática assertiva.

Fato é que, como já citado acima, a correta determinação do valor do imóvel é de grande importância e estratégica para o seu negócio.

COMERCIALIZAÇÃO

A comercialização pode começar a ser feita ainda na fase de projeto. Tratando-se de construção de residência unifamiliar, é incomum que a intenção firme de compra se dê nesta fase (isso é rotina em empreendimentos multifamiliares). É incomum, mas é possível. Por esse motivo, desde essa etapa você já pode iniciar a busca pelo seu cliente.

A visita à obra, por pretensos compradores, é habitual e rotineiro. Neste momento, tudo o que vimos sobre localização, projeto de arquitetura e análise técnica, econômica e comercial do empreendimento começará a fazer sentido e seus resultados podem começar a se materializar aí.

O interesse pelo seu imóvel não é garantia de que determinado cliente consiga comprá-lo. Por esse motivo, identificando-se o interessado, ainda na fase de obra, há de se ter considerável cautela no atendimento de eventuais pedidos que ele possa lhe fazer, e que venha alterar o que você planejou para aquele produto, especialmente no que se refere a alteração de projeto, uma vez que o Projeto Legal, que já consta aprovado pela prefeitura, não pode ser alterado sem prévia comunicação e respectiva aprovação.

Refiro-me a isso porque a aprovação de crédito habitacional é a última etapa deste processo e não há qualquer garantia de aprovação prévia.

> Por isso, mais uma vez... tenha cautela.

É comum que a construção termine sem que tenha sido feita a captação do interessado pela compra. Neste caso, o trabalho de divulgação pode e deve ser intensificado; você tem o que mostrar, o imóvel está pronto, revestido de todos os atributos que você definiu na etapa de análise técnica, econômica e comercial. As formas de divulgação são as mais diversas possíveis e caberá a você definir a melhor estratégia. Para isso, é importante conhecer as especificidades do mercado em que está atuando.

Vamos imaginar que sua casa é de alto padrão, situada em condomínio, o acesso pode ser controlado e pessoas não autorizadas são impedidas de entrar. Sendo assim, a divulgação do seu imóvel via mídias digitais, redes sociais, sites e imobiliárias especializadas, ganha relevância.

Pensemos agora que o imóvel é de padrão popular, situado em bairro/loteamento onde se haja clara expansão urbana. Os meios de divulgação citados acima permanecem válidos e se somará a eles a divulgação por meio de anúncio de venda no próprio imóvel, pois o seu cliente, seguramente, está transitando por ali. O Corretor de Imóveis é um importante ator do mercado imobiliário e tê-lo como parceiro potencializará a abrangência da divulgação do imóvel.

A modalidade de parceria com esses profissionais deve ser estabelecida por você e deverá estar respaldada pela estratégia que tenha definido para o seu negócio.

Refiro-me a essa "modalidade" no que concerne à condição, ou não, de exclusividade de vendas para determinado corretor ou imobiliária, ou para a possibilidade de diversas imobiliárias trabalharem a venda. E, ainda, às condições de remuneração, tendo como referência o que tratamos na página 36.

É necessário tratar sobre a forma de pagamento da comissão (quanto e quando), para evitar eventuais desencontros no momento da efetivação da venda.

Por isso, é importante conhecer a rotina que se estabelecerá a partir do momento em que o interessado, pela compra do imóvel, for identificado.

Consideraremos aqui o fluxo do negócio na contratação de financiamento imobiliário, uma vez que é a forma predominante no mercado. As transações à vista são exceção.

O fluxo seguirá esta ordem:

- Identificado o pretenso comprador;

- Assinatura do contrato de compra e venda no qual se estabelecem os termos do negócio. Atente para o fato de que esta é a etapa inicial do processo. Não deve ser confundida com a concretização do negócio!

A instituição financeira fará:

- Análise de crédito do comprador;
- Análise da documentação do vendedor e do imóvel;
- Avaliação do imóvel, onde serão verificados aspectos construtivos, físicos, documentais e valor de mercado;
- Análise jurídica;
- Assinatura do contrato de financiamento.

Nesta etapa deve ser dada quitação aos valores não contemplados no contrato de financiamento. O contrato de financiamento possui força de escritura pública e será remetido ao Cartório de Registro de Imóveis.

O valor contratado junto ao banco será depositado na conta do vendedor e ficará bloqueado até que essa transação seja averbada na Matrícula. Feita a averbação, a instituição financeira é comunicada e, só então, dará disponibilidade ao valor, até então bloqueado.

Obviamente, você também poderá optar por buscar a venda direta, sem intermediação. Ou ainda, trabalhar paralelamente à atuação dos corretores parceiros. Neste caso, uma regra deve ser seguida: "O valor de venda do imóvel é um só".

É comum encontrarmos casos em que o proprietário informa ao corretor o valor que pretende pelo imóvel, livre de comissão, deixando-o livre para definir o ágil com o qual deseja trabalhar. Essa prática é danosa para o negócio pois o valor de venda definido, conforme vimos anteriormente, será apreciado pelos corretores parceiros, implicando numa provável diminuição da velocidade de venda. Além disso, este formato de acordo elimina a desejável transparência que deve haver entre as partes envolvidas na comercialização.

O "Estado da Arte" quando tratamos da comercialização do imóvel é:

- Trabalhar a venda direta, ou por meio de corretores parceiros, definir claramente as bases do comissionamento a ser pago, valor, forma e momento do pagamento, e definir um único valor de venda, independentemente se a efetivação da venda for feita por você, ou pelo corretor de imóveis.

AFERIÇÃO DO LUCRO BRUTO

Muito bem! Chegamos ao encerramento do ciclo do seu empreendimento, que ocorre na data em que se concretiza a venda do imóvel. Agora é hora de você fazer a aferição do lucro obtido.

É óbvio o interesse que terá em conhecer o resultado. Terá informações relevantes sobre a performance do negócio e a forma como você tem conduzido sua gestão. Essa análise e reflexão são fundamentais para que você siga num sistema de melhoria contínua.

Debruce-se sobre o resultado e reflita sobre suas práticas no decorrer deste ciclo, identifique os pontos positivos para que possam ser replicados sempre que possível e façam parte da sua rotina, verifique também o que não foi bom, trate do assunto para que, no próximo ciclo, os erros ou equívocos não se repitam. Assim, empreendimento a empreendimento, o seu negócio vai se tornar cada vez mais sólido.

O nosso estudo de caso será feito com o mesmo imóvel usado no Estudo de Viabilidade Econômica, residência de padrão normal com área construída de 120,44 m². Vamos traçar um paralelo real entre o cenário que projetamos e o que foi realizado.

Há duas diferenças fundamentais entre o estudo de viabilidade e a aferição do lucro, em um tratamos com valores, prazos e índices estimados com base em informações de mercado, trazendo valor futuro a valor presente; já no outro utilizamos valores, prazos e índices reais, extraídos do que aconteceu no decorrer do ciclo do seu empreendimento, trazendo valor pretérito para valor presente.

Em posse de todas as informações que precisamos para fazer a referida aferição, teremos:

- Início do ciclo do empreendimento, que é marcado pela data da compra do terreno;
- Tempo decorrido de tramitação da documentação, execução e aprovação de projeto;
- Início das obras;
- Desembolsos do custeio da obra;
- Variação mensal da taxa de referência para atualização dos valores;
- Taxa de retorno do capital investido;
- Custos indiretos associados à venda e impostos que incidem sobre a regularização da construção;
- Valor e data da venda;
- Incidência do imposto de renda sobre o ganho de capital.

O resultado deste estudo se dá pela aplicação
da planilha a seguir...

Mês	Programa de Produção	Delta Custos/ Taxa Rferencial	Custeio da Produção		Terreno Taxas Aprovações	Custeio Nominal da Produção	Custeio da Produção	Custeio da Produção + Custo Financeiro
			Base	Real				
			Valores					
	A	B	C	D=CxB	E	F=C+E	F'=D+E	G'=(C+E)*B
Total	100%		R$194.974,74	R$161.809,21		R$320.974,74	R$327.513,24	R$340.718,62
0		1,00000			R$126.000		R$126.000	
1		1,00427						
2		1,00856						
3		1,01287						
4		1,01720						
5	8,38%	1,02155	R$16.338,88	R$16.690,96			R$16.690,96	
6	17,70%	1,02591	R$34.510,53	R$35.404,82			R$35.404,82	
7	18,64%	1,03030	R$36.343,29	R$37.444,39			R$37.444,39	
8	21,38%	1,03470	R$41.685,60	R$43.132,07			R$43.132,07	
9	18,92%	1,03912	R$36.889,22	R$38.332,36			R$38.332,36	
10	11,63%	1,04356	R$22.675,56	R$23.663,33			R$23.663,33	
11	3,35%	1,04802	R$6.531,65	R$6.845,31			R$6.845,31	
12		1,05250						
13		1,05700						
14		1,06151						R$340.718,62

de Venda	Fluxo de Caixa	Receita Financeira	Contas Conexas às Vendas	Resultado Líquido de Vendas	Resultado Líquido do Empreendimento	Imposto de Renda Sobre Ganho de Capital	Resultado Líquido Depois do IR	Resultado Percentual Depois do IR
	Valores				Resultados			
H	I=(C+J)-D	J-IxCDI	K	L=H-K	M=J+L	N	O	P=O/G
.000		R$ 6.580,98	R$350,00	R$482.650	R$489.230,98	R$ 24.303,79	R$124.208,56	36,45%
	R$194.974,74	R$838,39						
	R$195.813,13	R$842,00						
	R$196.655,13	R$845,62						
	R$197.500,74	R$849,25						
	R$198.350,00	R$852,90						
	R$182.511,94	R$784,80						
	R$147.891,93	R$635,94						
	R$111.083,47	R$477,66						
	R$68.429,06	R$294,24						
	R$30.390,94	R$130,68						
	R$6.858,29	R$29,49						
	R$ 42,48		R$350,00					
.000								

ANÁLISE COMPARATIVA E COMENTADA DO ESTUDO DE VIABILIDADE E LUCRO ALCANÇADO

Este estudo de caso é especialmente interessante, porque a construção foi executada em terreno plano, cercada de vizinhos nas laterais e fundos.

A construção se restringiu à execução apenas da residência. Não houve movimentação de terra, construção de muros ou contenções. Isso nos possibilita fazer a comparação direta entre o Índice CUB-SINDUSCON, utilizado no Estudo de Viabilidade, e o custo real aferido ao final da obra.

Nossa Análise Comparativa começará pelo Custeio da Produção, aqui constatamos que as técnicas de administração aplicadas à construção, tratadas neste livro, têm significativo impacto no custo global da obra:

- Definição de uma boa estratégia de compras, com foco na comparação de preços dos insumos mais representativos, considerando o custo total da obra;
- Quantificação precisa do material de construção, evitando sobras de material;

- Contratação de uma boa equipe de obra, que trabalha em favor das técnicas construtivas corretas, promovendo o adequado uso dos materiais de construção, sem desperdícios;

- Definição dos detalhes de arquitetura e acabamento da residência, para a perfeita combinação entre a estética, funcionalidade e quantidade de material a ser empregado.

Com o resultado, você não só pode, como deve utilizá-lo nos seus próximos Estudos de Viabilidade, porque ele representa, com fidelidade, o seu jeito de construir e o mercado em que atua.

No período compreendido entre o Estudo de Viabilidade e a Aferição do Lucro, a **taxa referencial** não foi alterada.

O **valor do terreno** teve ligeira redução após negociação feita com o vendedor. Reafirmo aqui a relevância para o resultado do seu negócio de uma aquisição muito bem-feita de terreno; tanto pelo aspecto do valor, da localização e da topografia.

Observe que a **Receita de Vendas** projetada é muito próxima da realizada. Isso se deu pelo uso de recursos da Engenharia de Avaliações, que não só nos apresenta o valor de mercado do imóvel a ser construído, como o desconto máximo, que tem sido aplicado naquele mercado, quanto a efetivação da venda.

Recorremos a essa técnica para a definição dos parâmetros tanto para a definição de valor de venda, quanto para conhecermos qual o teto do desconto possível de ser aplicado, para nos mantermos em consonância com o que vinha sendo praticado naquele mercado.

> O tempo compreendido entre a conclusão da obra e a efetivação da venda confirma a eficácia de toda a metodologia apresentada neste livro.

Este era um mercado de alta competitividade, no qual se observavam outros imóveis competindo com aquele que eu desejava construir. Foi feito, então, um criterioso **Estudo de Mercado,** para que o imóvel fosse o primeiro a ser vendido, dentre todos os demais.

Todo **Fluxo de Caixa** precisará ser atualizado. É natural que o fluxo estimado durante a fase de Estudo de Viabilidade varie, ainda que pouco. Da mesma forma, os índices utilizados para definição das **Receitas Financeiras** precisarão ser atualizados, afinal, as possibilidades de investimento são dinâmicas, assim, o que você estimou, quando estava fazendo o Estudo de Viabilidade, será diferente do que efetivamente terá contratado durante a fase de obra.

E por fim... as **Contas Conexas às Vendas,** apresentaram significativa redução. Isso porque, como visto no capítulo "Comercialização" (página 83), um mercado competitivo guarda desafios, que precisam ser superados, mas também nos oferece oportunidades. Dada a ampla oferta de imóveis disponíveis para venda naquele local, optamos por fazer a venda direta, sem a necessidade de recorrer a intermediação. Isso nos permitiu diminuir as despesas associadas à comercialização do imóvel.

Não é possível afirmar se o resultado líquido do empreendimento foi superior, ou inferior, aos obtidos pelos outros construtores que disputavam conosco o mesmo mercado. A observação, especialmente, quanto ao tempo em que os outros imóveis permaneceram disponíveis para venda, me faz supor que o resultado foi muito melhor que o dos colegas.

Mais uma vez, reafirmo a minha convicção de que a utilização da metodologia explanada em todos os capítulos deste livro fez este empreendimento ter boa liquidez e resultado financeiro muito superior ao que se tinha disponível nas opções de investimento da época.

FATORES LIMITANTES À CONCESSÃO DO CRÉDITO HABITACIONAL

Na prática, a vistoria no imóvel, a ser feita por profissional demandado pela instituição financeira, é a última etapa do ciclo do empreendimento.

Ter o imóvel aceito como garantia, por determinada instituição financeira, passa pelos aspectos construtivos, pela compatibilização entre o físico e o documental e pelo atendimento de questões legais e/ou normativas associadas ao terreno e à construção executada.

Em alguns casos, quando solicitado pelo banco, haverá a necessidade da apresentação de declarações em formulário próprio, por ele fornecido, em que são atestados determinados aspectos construtivos, cuja verificação não é possível fazer por inspeção visual durante a vistoria. ARTs ou RRTs, referentes à responsabilidade técnica por determinados serviços relacionados à obra, podem ser solicitadas.

Vamos relacionar aqui os quesitos que seu empreendimento precisa atender para que seu imóvel seja aceito pelo banco já na primeira vistoria, com ganho precioso de tempo, que potencializará seu lucro!

A habitabilidade da edificação é pressuposto básico para a aceitação da garantia. Caso o profissional da instituição financeira constate, durante a vistoria, que a edificação não atende os requisitos mínimos de habitabilidade, o imóvel estará sujeito a negativa da garantia. O fato de o poder público municipal atribuir ao imóvel esta condição com a expedição da Certidão de Habite-se, não representa, necessariamente, que ele esteja habitável.

Refiro-me aqui a uma prática redundante. Veja, o técnico da municipalidade vistoria o imóvel e não observa determinada característica que inviabilizaria a emissão do Habite-se. Num segundo momento, o profissional, demandado pelo banco, faz a vistoria e constata eventual aspecto construtivo, que aquele técnico não havia observado, e que impacta na condição de habitabilidade daquela construção. Este é um caso clássico, e não raro de acontecer.

Ou ainda, posterior à primeira vistoria, há alteração nas características originais da construção, inviabilizando a sua condição de habitabilidade. Eis aí uma segunda possibilidade...

São aspectos associados a habitabilidade:

- Estabilidade e solidez da edificação;
- Funcionalidade:
    - Atente para construções inacabadas. Solicitar ao seu Assessor Habitacional ou Correspondente Bancário, que ele proceda a solicitação de vistoria no imóvel, sem que a construção tenha sido efetivamente concluída, para diminuir o prazo de tramitação do processo de financiamento; não é uma boa prática. Aguarde a conclusão total da obra para dar andamento ao fluxo natural do processo;

- Conforto térmico e acústico;
- Segurança:
  - Atente para a instalação de guarda-corpo em escadas e sacadas;
- Salubridade:
  - Atente para a instalação de pia, tanque, lavatórios e vasos sanitários.
- Iluminação:
  - Atente para iluminação natural
- Ventilação:
  - Atente para ventilação natural

A boa prática construtiva também é algo que merecerá sua atenção. Por isso cuide para que sua construção contemple as seguintes características:

- Em casas geminadas, prever parede de geminação dupla ou com largura mínima de 19 cm, estendidas até o telhado, com fechamento do oitão;
- Solução de drenagem no lote. O represamento de águas pluviais no interior do lote deve ser eliminado;
- Cota de soleira de portas externas em nível, que impeça a entrada de água por escoamento superficial;
- As áreas molhadas devem receber piso com revestimento impermeável;
- Laje ou forro em todos os cômodos internos. Quando se tratar de telha de fibrocimento, preveja laje sob os locais de instalação;

- Revestimento de paredes internas e externas. Não deixe de revestir também as paredes de divisa, nas suas duas faces;
    - Nos boxes e sobre paredes úmidas (cozinha, banheiro, lavabo e área de serviço), prever a execução de barras impermeáveis, com peças cerâmicas, frontão de granito ou pintura própria para essa finalidade;

- Pintura em paredes internas e externas. Não deixe de pintar também as paredes de divisa, em suas duas faces;

- Banheiro ou lavabo sem vitrô deve ser atendido por sistema de ventilação forçada;

- Quando se tratar de residência unifamiliar, o imóvel deve ser atendido por medição individualizada de água e luz;

Há casos em que:

- Há a necessidade de executar rede elétrica com, no mínimo, 4 circuitos;

- O reservatório de água deve possuir, no mínimo, 500 litros de capacidade de armazenamento;

- Quando houver elevado desnível entre lotes, há de se proteger o maciço de terra com muro de arrimo ou talude;

- Há a necessidade de execução de calçada de proteção no perímetro da edificação, com largura mínima de 50 cm.

> A ocorrência de vícios construtivos pode configurar motivo para que seu imóvel não tenha a garantia aceita.

Por isso, é importante que você seja a primeira pessoa a vistoriar o imóvel após a conclusão das obras. Assim poderá identificar patologias e saná-las para manter a boa qualidade da edificação e sua funcionalidade.

Algumas patologias recorrentes são:

- Umidade em paredes, lajes, forros ou pisos;
- Trinca(s) que indique(m) o comprometimento da estabilidade e solidez da edificação;
- Abaulamento da cobertura;
- Solapamento visível de alicerces ou fundações;
- Indícios de cupim no madeiramento.

Vejamos agora a compatibilização entre o físico e o documental. Certifique-se de que sua obra será executada no terreno certo! Por mais absurdo isso possa parecer, saiba que erros desta natureza acontecem.

Identifique adequadamente o imóvel na sua via de circulação, instalando em local visível a numeração que a prefeitura atribuiu a ele. Siga rigorosamente o projeto que foi aprovado pela prefeitura municipal. A alteração das medidas e recuos podem acarretar a recusa da garantia e, no caso, haverá a necessidade de regularização da obra, o que causará significativo atraso na conclusão do processo de financiamento, e por consequência, de venda do imóvel.

As informações averbadas na Matrícula (áreas, medidas e confrontações) devem estar de acordo com o que existe no local, sejam elas relativas ao terreno ou a construção nele executada.

Aspectos dessa natureza devem ser conferidos já no momento da compra do terreno. Constatando qualquer divergência, não efetive o negócio sem antes solicitar que elas sejam sanadas.

É importante que você faça uma verificação detalhada, referente a compatibilização das informações cadastrais que constam averbadas, em toda a documentação do seu imóvel (projeto aprovado pela municipalidade, Habite-se, Cartão de Numeração ou de Emplacamento, Demonstrativo de Lançamento do IPTU e Matrícula do imóvel).

Divergências entre os documentos podem configurar o que os Cartórios de Registro de Imóveis costumam tratar por “equívoco evidente”, ou indicar que algo mais sério deva ser regularizado.

Na ART ou RRT, expedida pelo responsável técnico pela obra, deve constar o endereço completo do imóvel (via pública, quadra, lote, bairro e número do imóvel na via, se houver).

Verifique com seu Assessor Habitacional ou Correspondente Bancário se há alguma solicitação específica da instituição financeira quanto às atividades e serviços que devem ser contemplados nesta ART ou RRT. Fornecer esse documento, conforme solicitado, otimizará o prazo de entrega do laudo de avaliação.

Quando o banco solicitar que sejam entregues declarações em formulário específico, a ser fornecido por ele, certifique-se de que as informações sejam compatíveis com a documentação do imóvel. E, por fim, o atendimento às leis que recaem sobre o seu imóvel.

> E por fim, o atendimento às leis às quais o seu imóvel está sujeito, é fundamental!

A não observação disso pode representar sério risco, não só à liquidez do negócio, mas também ao retorno do capital investido! É passível de negativa de garantia qualquer imóvel que esteja em discordância:

A Lei Federal 12.651/12 – Código Florestal:

- Restringe construções em encostas ou parte destas com declividade superior a 45°;
- Impede construção em áreas com altitude superior a 1.800 m;
- Estabelece recuo não edificável, desde a borda da calha do leito regular, em largura mínima de:
    - 30 m para cursos d'água de até 10 m de largura
    - 50 m para cursos d'água de 10 m a 50 m de largura
    - 30 m a partir da margem de lagos e lagoas
    - 50 m de raio a partir da ocorrência de nascentes ou olhos d'água perenes;

- Ao CONDEPHAAT, quanto à construção, demolição e reforma nas proximidades de prédios tombados;

- Ao Comando da Aeronáutica - COMAER, que estabelece região de cone de voo, onde há restrição de cota para as construções;

- A Lei Federal 11.337/06, que dispõe sobre a obrigatoriedade de execução de sistema de aterramento;

- A Lei Federal 6.766/79; que dispõe sobre o uso e ocupação do solo, exigindo em áreas urbanas: infraestrutura básica[2], limitações ao parcelamento do solo, área e testada mínimas para lotes, dentre outros;

- As faixas de domínio público ao longo de rodovias e ferrovias constituem áreas não edificáveis, bem como:
    - servidão de passagem aérea, tem trecho não edificável determinado pela carga elétrica em trânsito nas linhas de alta tensão;
    - área de terra sobre rede pública de esgoto;
    - área de terra sobre oleoduto/gasoduto;
    - área de terra sobre a rede pública do sistema de drenagem de águas pluviais.

Há ainda determinadas situações que podem ensejar a negativa da garantia a ser atribuída ao seu imóvel, se:

- Ele estiver associado a uma única Matrícula e possuir característica multifamiliar, ou seja, mais de uma residência no mesmo terreno, onde haja fornecimento individualizado de água e luz, e acesso distinto às residências;

---

[2] Sistema de abastecimento de água potável e esgotamento sanitário, equipamentos urbanos de escoamento de águas pluviais, fornecimento de energia elétrica por concessionária local, iluminação pública na via do lote e via de acesso ao imóvel.

- houver contaminação do seu subsolo;

- na construção for adotado sistema construtivo sem prescrição normativa;

- o terreno for situado em área de risco de desabamento, desmoronamento, inundação recorrente ou de segurança.

CONCLUSÃO

Muitas são as reflexões que podemos ter sobre o que abordamos neste livro, especialmente por se tratar de empreendedorismo na construção civil.

Cada leitor assimilará, conforme a sua realidade, e praticará o conteúdo de acordo com as suas possibilidades. Por isso, se o conteúdo do que vimos aqui fez sentido para você, convido-o a concentrar suas energias e praticar a sistemática que apresentamos.

Não tenho dúvidas de que os riscos, aos quais você estará exposto, quando lançar o próximo empreendimento, serão significativamente minorados e os seus lucros potencializados.

A construção de imóveis destinados à venda é uma atividade de baixo risco, se forem observadas as práticas corretas e mais adequadas tanto ao negócio quanto à construção.

Trata-se de uma atividade na qual se movimentam elevados recursos financeiros, por isso, ser assertivo é fundamental! E é justamente esse o meu maior desejo, que o conteúdo que você leu aqui o auxilie a ser mais assertivo nas tomadas de decisão.

Felicidades e mãos à obra!

Referências Bibliográficas:

Texto Técnico
Escola Politécnica da USP
Departamento de Engenharia de Construção Civil
Fundamentos de Planejamento Financeiro para o Setor da Construção Civil
Rocha Lima Junior, João da
São Paulo - 1995

Texto Técnico
Escola Politécnica da USP
Departamento de Engenharia de Construção Civil
Análise de Investimentos: Princípios e Técnicas para Empreendimentos do Setor da Construção Civil
Rocha Lima Junior, João da
São Paulo - 1993